1001
Glückwünsche
in Reim und Vers

Peter Köhler

1001 Glückwünsche in Reim und Vers

Pattloch

Die Deutsche Bibliothek –
CIP-Einheitsaufnahme

Köhler, Peter:
1001 Glückwünsche in Reim und Vers
/ Peter Köhler.
– Augsburg : Pattloch, 1999
ISBN 3-629-00771-6

Pattloch Verlag, Augsburg

Umschlaggestaltung: Petra Pawletko, Augsburg
Satz und Gestaltung Innenteil: Georg Lehmacher, Friedberg/Bay.
Druck und Bindung: Ebner & Spiegel, Ulm
Printed in Germany

ISBN 3-629-00771-6

inhalt

Vorwort

Wie sag' ich es richtig? Was kann man jemandem wünschen, der schon alles hat? Welche Worte passen zu einem Jubiläum, ohne den Jubilar zu treffen? Wie lustig oder ironisch darf ein Gruß sein, ohne zu verletzen oder völlig am Anlaß vorbeizugehen?

Wer Glückwünsche übermitteln will oder muß, ist wirklich nicht zu beneiden. Oder doch? Das kommt sicher auf den Anlaß ebenso an wie auf die Person, der es zu gratulieren gilt. Dieses Buch soll Lust machen, sozusagen den Appetit anregen, einem Menschen, den man liebt oder achtet, vor dem man Respekt hat oder dessen Aufmerksamkeit man erringen möchte – der es einfach wert ist, auf originelle, nette oder liebevoll-respektlose Weise Glück und gutes Gelingen zu wünschen. Irgendwann einmal trifft es jeden: ein (runder) Geburtstag steht an, eine Hochzeit oder ein Jubiläum. Die Gedichte, Sinnsprüche und Weisheiten dieser Sammlung sind entsprechend vielen Anlässen thematisch geordnet. Doch sollte man sich von dieser Gliederung nicht abhalten lassen, auch andere Kapitel durchzuschmökern, um den absolut passenden Spruch für den jeweiligen Anlaß zu finden. Denn die Gedichte großer Geister lassen sich oft auf sehr unterschiedliche Weise deuten und vielseitig verwenden.

In den einleitenden Gedanken zu den einzelnen Kapiteln sind Tips enthalten, worauf man achten, welche Reizwörter man möglichst vermeiden sollte oder wie man den Glückwunsch besonders originell „verpacken" kann.

Möge dieses Buch dazu beitragen, daß mancher Leser das Glückwünschen nicht mehr als lästige Pflicht empfindet, sondern als Chance, dies auf originelle Weise, von Herzen, mit Spaß und Freude und wirklich gern zu tun.

Geburt

In aller Regel ist die Geburt eines Kindes die schönste aller denkbaren Gelegenheiten, Glück zu wünschen. Denken Sie aber daran: Bei aller Freude und Mit-Freude macht auch beim Gratulieren der Ton die Musik, und die sollte nicht zu Mißtönen führen.
Natürlich liegt es nahe, dem Überschwang seiner Gefühle in lustigen oder vielleicht auch derberen Sprüchen Luft zu machen.

Für die Mütter, zunehmend aber auch die Väter bedeutet die Geburt eines Kindes – vor allem des ersten – aber zugleich auch eine gehörige Portion Streß, oft genug kommen auch Sorgen und Ängste hinzu, bis der kleine Erdenbürger endlich das Licht der Welt erblickt. Ehe Sie also zur Feder greifen und einen passenden Spruch zu Papier bringen und ein möglicherweise besonders originelles, mit Hintersinn ausgesuchtes Geschenk dazu auswählen, stellen Sie sich unbedingt die Eltern in ihrer neuen Situation vor.

Fragen Sie also möglichst diskret, ob rund um Schwangerschaft und Geburt alles glatt und problemlos vonstatten gegangen ist. Versuchen Sie, herauszubekommen, ob das Kind wirklich ein Wunschkind war. Vermeiden Sie z.B. auch Anspielungen, wenn Sie wissen, daß die frischgebackenen Eltern sich jahrelang vergebens ein Kind gewünscht hatten, ehe es endlich klappte. Ein Glückwunsch sollte vor allem, wie schon der Name sagt, gute Wünsche beinhalten und sich weder auf Kosten der Betroffenen lustig machen noch sie in den Stunden der Freude zu sehr an frühere, wenig erfreuliche Zeiten erinnern.

Es ist eine regelrechte Unsitte geworden, daß man auch beim Gratulieren um beinahe jeden Preis originell oder lustig sein will. Ganz hart gesagt: Dabei vergessen viele Gratulanten, daß nicht sie mit ihrem vermeintlich einmaligen, „coolen" Spruch oder Geschenk im Mittelpunkt stehen, sondern vielmehr die Eltern und natürlich das neugeborene Kind. Auf sie und nur auf sie sollten die Wünsche abgestellt sein. Auch ein gut gemeinter Gag oder Witz kann einen schalen Geschmack zurücklassen, geschmacklos oder letztendlich sogar verletzend wirken, auch wenn diese Wirkung beim besten Willen nicht beabsichtigt war.

Das bedeutet nun aber keineswegs, daß Sie sich auf „langweilige" Allerwelts-Glückwünsche beschränken müssen. Der Appell geht vielmehr dahin, sich vorher ein paar Gedanken zu machen und vor allem an die zu denken, denen der Glückwunsch gilt.

Im Klartext: Natürlich kann man, wenn es sich um ein Wunschkind handelt, den Eltern z.B. sagen, daß sie selber schuld daran sind, wenn sie in Zukunft weniger Schlaf und mehr Aufregung bekommen werden. Jegliche sexuellen Anspielungen sollten Sie dagegen vorsichtshalber vermeiden.

Darauf wollen wir die Gläser heben:
Das neugeborne Kind soll leben!
Stoßt an, es soll jetzt von allen
ein frohes „Lebe hoch" erschallen!

* * * * *

Das Kind ist da, es ist passiert.
Man wünscht Euch Glück, man gratuliert!
Vorbei ist jetzt das Rätselraten,
ob es wird ein Mädchen oder Junge.
Hauptsach', das Kind ist wohlgeraten
und schreit aus voller Lunge!

* * * * *

Dem Himmel sei Dank,
der Deine bange Stunde
in Glückseligkeit verwandelt!
Wie stolz, voll Liebe hängt Dein Blick
an Deinem kleinen Kinde.
Aus seinen großen Augen
strahlt es Dich fragend an,
weil es mit seinem Munde
Dir noch nichts sagen kann.
Sei mir gegrüßt aus vollem Herzen,
ich freu' mich wirklich sehr mit Dir.
Und vergiß schnell alle Schmerzen.
Endlich liegt das Baby in den Armen Dir!

* * * * *

Dir soll die Zukunft Blüten tragen, ← an Lena zur Geburt
in hellen Farben, leuchtend schön.
Glück und Freude solln an allen Tagen ← an Leni zur Geburt
hell über Deinem Leben stehn!

Du wirst nicht unberührt
von Trauer bleiben,
oder unberührt
von anderen Menschen.

Doch soll Dich
in Deinem Leben auch
etwas berühren,
das schwer zu beschreiben ist:
Es heißt „Gnade" und kommt von Gott.
Denn wer sie erleben darf,
für den ist sie wie Morgenlicht.

Man kann sie sich zwar wünschen,
aber nicht erzwingen.
Wenn sie Dich jedoch berührt,
dann weißt Du: Es ist gut.

* * * * *

Ein Schwesterchen, hurra,
ein Schwesterchen ist da!
Nun werden wir es schützen
vor Dieben und vor Blitzen.
Wir teilen mit ihm ein Süppchen,
wir schenken ihm ein Püppchen.
Wir wolln dem neuen Leben
unsre ganze Liebe geben!
Unser Schwesterchen, hurra,
unser liebes Schwesterchen ist da!

Kann auch für ein Brüderchen verwendet werden.

Ich wünsche dem kleinen Kind
nicht unbedingt
ein Leben ohne Entbehrung,
ohne Schmerz und Störung.
Das wäre unrealistisch
und vielleicht auch gar nicht gut.

Ich wünsche ihm aber,
es soll bewahrt sein an Leib und Seele.
Es soll im Leben einen kennen,
der es trägt und schützt,
der es durch alles,
was ihm und seiner Zeit geschieht,
dem Ziel seines
Lebens entgegenführt.

* * * * *

Kaum ist es angekommen,
das kleine Kindchen, unser Schatz,
heißen wir herzlich Dich willkommen:
Du hast in unsern Herzen Platz,
den schönsten Platz genommen.
Wir wünschen, in dem langen Leben Dein
sei kaum Trübsal, doch viel Sonnenschein!

* * * * *

Mit den besten Wünschen wolln wir grüßen,
Dich, liebes, gutes, langersehntes Kind,
die Dir kleinem Menschlein, dem süßen,
aus vollem Herz gewidmet sind.

Wir wünschen, daß Dein Leben helle,
Licht und Glanz wird, Sonnenschein!
Der reinen Freude reiche Quelle
soll Deine ganze Zukunft sein!

Mit Dir kam Glück in Euer Haus
und glücklich sollst Du werden.
Noch ruhst Du Dich im Bettchen aus,
weißt kaum was von der Erden.

Da Du liebe, treue Eltern hast
kann Dir nicht viel passieren.
Und wird das Leben Dir zur Last
soll Lächeln bald Dich zieren.

* * * * *

Mit großer Freud haben wir vernommen,
Daß bei Euch ein Baby angekommen,
Unser aller kleiner Sonnenschein.
Daß es gesund und froh gedeihe
Sich selbst und Euch des Lebens freue,
Dies soll unser Glückwunsch sein!

* * * * *

Wir wünschen Euch und Eurem Kinde
an Glück, soviel das Herz nur faßt.
Und ein Willkommens-Angebinde
sei Gruß dem neuen Erdengast.

Er soll ein braver Junge werden
und Euch zur Freude gut gedeihn.
Ihm leuchte im Gestrüpp der Erden
des Lebens schönster Sonnenschein.

Euch Eltern aber sei beschieden,
was Ihr nur wünscht für Euch und ihn.
Im kleinen Heim solln Lust und Frieden
bestehen als des Daseins Sinn!

So, wenn ich schaue in dein Antlitz mild,
Wo tausend frische Lebenskeime walten,
Da ist es mir, als ob Natur mein Bild
Mir aus dem Zauberspiegel vorgehalten.

Annette von Droste-Hülshoff

* * * * *

So eng auch Freundschaft, Liebe und Ehe Menschen verbindet:
ganz ehrlich meint jeder es am Ende doch nur
mit sich selbst und höchstens noch mit seinem Kinde.

Arthur Schopenhauer

* * * * *

Wenn ich, o Kindlein, vor dir stehe,
Wenn ich im Traum dich lächeln sehe,
Wenn du erglühst so wunderbar,
Da ahne ich mit süßem Grauen:
Dürft' ich in deine Träume schauen,
So wär' mir alles, alles klar.

Dir ist die Erde noch verschlossen,
Du hast noch keine Lust genossen,
Noch ist kein Glück, was du empfingst;
Wie könntest du so süß denn träumen,
Wenn nicht noch in jenen Räumen,
Woher du kamst, dich ergingst?

Friedrich Hebbel

* * * * *

Ihm ruhen noch im Zeitenschoße
die schwarzen und die heitern Lose.
Der Mutterliebe zarten Sorgen,
bewachen seinen goldenen Morgen.

Friedrich von Schiller

Was eine Kinderseele
aus jedem Blick verspricht!
So reich ist doch an Hoffnung
ein ganzer Frühling nicht.

Hoffmann von Fallersleben

* * * * *

Kein Boden, der nicht Früchte brächte.
Säe nur! Und harre in Geduld!
Und klagst du an die Schicksalsmächte,
Ob eines Lebens voller Tränennächte,
Glaub' mir: dein eigen Herz hat Schuld!

Japanische Weisheit

* * * * *

Vater werden ist nicht schwer,
Vater sein dagegen sehr.
Ersteres wird gern geübt,
weil es allgemein beliebt.
Selbst der Lasterhafte zeigt,
daß er gar nicht abgeneigt;
nur er will mit seinen Sünden
keinen guten Zweck verbinden,
sondern, wenn die Kosten kommen,
fühlet er sich angstbeklommen.
Dieserhalb besonders scheut
er die fromme Geistlichkeit,
denn ihm sagt ein stilles Grauen:
das sind Leute, welche trauen.

Wilhelm Busch

Taufe

Für die Taufe eines Kindes gilt grundsätzlich das gleiche wie für die Glückwünsche anläßlich der Geburt.

Stellen Sie hier allerdings mehr das Kind als seine Eltern in den Mittelpunkt der Überlegungen, wenn Sie einen passenden Spruch auswählen. Das gilt natürlich insbesondere dann, wenn ein älteres Kind, ein Jugendlicher oder gar Erwachsener getauft werden soll. Das kommt zunehmend häufiger vor, denn immer öfter weigern sich Eltern, ihre Kinder sozusagen automatisch taufen zu lassen.

Abgesehen davon hatten z.B. Bewohner der früher kommunistischen Staaten keine Möglichkeit, sich taufen zu lassen und holen dies als Erwachsene nach.

Unser Wunsch ist wohl bedacht:
Für das sei immer frei und offen,
was das Leben sinnvoll macht:
Zu lieben, zu glauben, zu hoffen!

* * * * *

Alle lieben Engelein
sollen immer bei Dir sein,
damit Böses vor Dir flieht
und Dir nie ein Leid geschieht.
Wie ich bete nun für Dich,
bete, bitte Du für mich.

* * * * *

Lena:
Julian B.

Drei Engel mögen Dich begleiten
für Deine ganze Lebenszeit.
Die Englein, die ich meine,
sind Frohsinn, Glück, Zufriedenheit.

* * * * *

Herr, Gott, schreib in das Buch des Lebens
unsres kleinen Täuflings Namen ein
und laß ihn nicht vergebens
in deinem Namen getaufet sein.

Präge diesem Kinde deine Liebe tief ins Herz,
damit es dich nicht lasse, in Freude und im Schmerz.
Der glücklichen Familie du Weg und Wahrheit bist,
beschütze du sie treulich, o Herr Jesu Christ!

In allen Dingen mit Gott zu handeln,
sei für Deine Seele und Dein Herz Gewinn.
Durchs Leben stets mit Gott zu wandeln,
das gebe Deinem Leben Sinn.
Also wage Dein Leben mit Gott allein,
Dann wird strahlen sein herrlicher Schein,
und jeder Tag in Deinem Leben
wird stehen unter seinem Segen!

* * * * *

Wir bringen ein Kind zur Taufe.
Gott gebe, daß es bald laufe.
Wir wünschen, daß es gedeihe
und nicht zu oft schreie.

* * * * *

Laß uns die Wohltat recht ermessen,
die uns die Taufe zugewandt,
und nie, o Herr, den Bund vergessen,
der uns so fest mit dir verband.
Uns alle stärk' zu neuer Treu',
daß über uns dein Friede sei!

Altes Kirchenlied

* * * * *

Hirte, nimm das Schäflein an,
Haupt, mach es zu deinem Gliede,
Himmelsweg, zeig ihm die Bahn,
Friedefürst, sei du sein Friede,
Weinstock hilf, daß diese Rebe
auch im Glauben dich umgebe.

Benjamin Schmolck

Glücklicher Säugling! Dir ist ein unendlicher
Raum noch die Wiege;
Werde Mann, und dir wird eng die unendliche Welt.

Friedrich von Schiller

* * * * *

Gutes tu rein aus des Guten Liebe!
Das überliefre deinem Blut;
Und wenn's den Kindern nicht verbliebe,
Den Enkeln kommt es doch zugut.

Johann Wolfgang von Goethe

* * * * *

Nun schreib ins Buch des Lebens
Herr, ihre Namen ein,
und laß sie nicht vergebens
Dir zugeführet sein.

Auch präge jedem Kinde
Dein Wort recht tief ins Herz,
daß es, bewahrt vor Sünde,
Dir dien' in Freud und Schmerz.

Du, der Du selbst das Leben,
der Weg, die Wahrheit bist,
uns allein sollst Du geben,
Dein Heil, Herr Jesu Christ.

Melchior Vulpius

Wenn alle untreu werden,
So bleib' ich Dir doch treu;
Daß Dankbarkeit auf Erden
Nicht ausgestorben sei.
Für mich umfing Dich Leiden,
Vergingst für mich in Schmerz;
Drum geb' ich Dir mit Freuden
Auf ewig dieses Herz.

Novalis

* * * * *

Durch die sinnliche Handhabung
der Taufe oder des Händeauflegens gerührt,
gab vielleicht ihr Körper
der Seele eben denjenigen Ton, der nötig ist,
um mit dem Wehen des heiligen Geistes
zu sympathisieren,
das uns unaufhörlich umgibt.

Johann Wolfgang von Goethe

* * * * *

Gesegnet
ist der Mensch,
der sich auf Gott verläßt,
dessen Hoffnung auf Gott gründet.

Prophet Jeremia

* * * * *

Ach lieber Herre Jesus Christus,
weil Du ein Kind gewesen bist, so gib auch diesem Kindelein
die Gnad und auch den Segen Dein.
Ach Jesus, Herre mein,
behüt dies Kindelein.

Heinrich von Laufenberg

Bedenk' es wohl, eh du sie taufst!
Bedeutsam sind die Namen;
Und fasse mir dein liebes Bild
Nun in den rechten Rahmen.
Denn ob der Nam' den Menschen macht,
Ob sich der Mensch den Namen,
Das ist, weshalb mir oft, mein Freund,
Bescheidene Zweifel kamen;
Eins aber weiß ich ganz gewiß,
Bedeutsam sind die Namen!
So schickt für Mädchen Lisbeth sich,
Elisabeth für Damen.
Auch fing sich oft ein Freier schon,
Dem Fischlein gleich am Hamen,
An einem ambraduftigen
Klanghaften Mädchennamen.

Theodor Storm

* * * * *

Gott muß schlechthin ich werden
und ich muß schlechthin Gott werden,
so völlig eins, daß dieses Er und dieses Ich
ein Ist werden und sind
und in dieser Seinsheit
ewig ein Werk wirken.

Meister Eckart

* * * * *

Nicht unser Hirn, sondern unser Herz denkt die größten Gedanken. Unser Herz aber oder unsere Seele oder der Kern unserer Persönlichkeit ist ein Funke aus dem Lebenslichtmeer Gottes.

Jean Paul

Geburtstag und Namenstag

Anders als die eher feierlichen-fröhlichen Anlässe Taufe und Geburt, kann man es zu einem Geburtstag durchaus einmal so richtig „krachen" lassen. Hier sind durchaus auch eher spaßige oder sogar ein wenig lästerliche Sprüche erlaubt – wenn es das Geburtstagskind verträgt. Sind Sie sich nicht ganz sicher, dann erkundigen Sie sich bei Menschen, die den Empfänger eines „Gags" genauer kennen als Sie.

Im Zweifelsfall aber gilt auch hier: Weniger ist mehr, also verzichten Sie lieber einmal auf einen Einfall, den Sie spontan für ganz toll halten und denken darüber noch einmal in Ruhe nach. Denn nichts ist ärgerlicher, als wenn eine Freundschaft oder das gute Verhältnis zu einem Kollegen in die Brüche geht, nur weil man vollkommen ohne böse Absicht genau den Punkt bei einem anderen Menschen getroffen hat, an dem er besonders empfindlich ist.

Lassen Sie sich dabei nicht davon täuschen, daß der Glückwunschempfänger immer besonders gut gelaunt oder zu Späßen aufgelegt ist, daß er gerne „austeilt“ oder besonders aufgeschlossen wirkt. Das kann, besonders wenn es sich um nicht ganz so enge Beziehungen handelt, wie man sie z.B. mit Kollegen, Studienfreunden, Vereinskameraden oder Stammtisch-Bekanntschaften unterhält, sehr leicht täuschen.

Diese lange Vorrede soll Ihnen aber keinesfalls das Glückwünschen vermiesen, sondern Sie lediglich darauf hinweisen, daß man auch in bester Absicht voll daneben liegen kann. Wenn also der Geburtstägler eine besonders auffällige Angewohnheit oder gar eine echte „Marotte“ hat, wenn er z.B. bestimmte Wörter besonders gerne benutzt oder sie falsch verwendet, wenn er sich ungewöhnlich kleidet, wenn er besonders pedantisch oder ein absoluter Chaot ist, dann kann man darüber anläßlich seines Geburtstages durchaus spötteln.

Spötteln aber heißt nicht spotten. Nehmen Sie den Geehrten gerne liebevoll und mit leiser Ironie auf die sprichwörtliche Schippe. Vermeiden Sie aber in jedem Fall den erhobenen Zeigefinger und vor allem jeden Spott, der verletzend wirken könnte. Stellen Sie sich vor, wie Sie reagieren würden, wenn die Situation genau umgekehrt wäre und Sie die Zielscheibe der Spötteleien. Ziehen Sie hier die Grenzen des guten Geschmacks und der Zumutbarkeit lieber zu eng als zu weit. Denken Sie daran: Sie wollen in erster Linie Glück wünschen, nicht aber erziehen oder sich beschweren.

Wenig geeignet als Zielscheibe für Späße aller Art sind Anspielungen auf körperliche Auffälligkeiten wie Körpergröße, Gewicht, Entstellungen, Haarwuchs etc. Auch der Hinweis auf besondere Lebenssituationen wie Arbeitslosigkeit, Trennung vom Partner, Kinderlosigkeit o.ä. kann, ironisch gebraucht, für negative Gefühle sorgen. In einem solchen Fall ist es mit Sicherheit besser, einen von Herzen kommenden guten Wunsch anzufügen und den Glückwunsch lieber „seriös“ als ironisch-spaßig zu gestalten.

Dein Namenspatron soll Jahr um Jahr
Dir seinen Segen bringen.
Wie er, so bleibe fromm und wahr,
dann wird im Leben immerdar
das Gute Dir gelingen!

* * * * *

Der liebe Gott soll leiten
in gute Bahnen Dein Lebensglück.
Dann kommst Du heil durch Dünn und Dick,
dann wird Dein neues Lebensjahr
vielleicht schöner noch, wie's alte war!

* * * * *

Nicht das langdauernde Alter
ist der Ehre wert,
und nicht nach der Zahl der Jahre
wird es gemessen,
als altersgrau gelte vielmehr
Weisheit bei den Menschen,
und als Greisenalter
ein fleckenloses Leben.

* * * * *

Kummer, sei lahm! Sorge, sei blind!
Es lebe das Geburtstagskind!
Theodor Fontane

Alle kommen heut mit guten Wünschen
zu Dir, lieber Alfred, in Dein Haus.
Von der Freunde und Verwandten Menge
schließt sich heute keiner aus.
Alle wollen Glück Dir wünschen,
alle wollen bei Dir sein,
alle wollen am heut'gen Tage
sich mit Dir von Herzen freun.
laß auch mich in ihrem Kreise
heut mit meinem Glückwunsch stehn.
Ganz kurz: Es soll Dir immer,
lieber Alfred, wohlergehn.
Und das Schicksal möge Dir gewähren
viel' gesunde Lebensjahr
und den Grund, mit Dir zu feiern,
uns gewähren noch viel dutzendmal!

Kann man nicht nur Alfreds widmen.

* * * * *

Das schönste, beste Los auf Erden
soll heut Dir gegeben werden:
Gesundheit, Glück, Geld und Gut,
Zufriedenheit und froher Mut!
Von Sorgen frei und freudenhelle
soll für Dich dies Jahr jetzt sein
und wie die Blumen an der Quelle
soll das Glück für Dich erblühn!
Genieße Deines Lebens Freuden
und danke herzlich dem Geschick!
Sollten treffen Dich auch kleine Leiden,
so würd'ge sie mit keinem Blick!

Dein Name sei Dein Leben,
drum ward er Dir gegeben
Er leite als ein Segen
Dein ganzes Erdenleben.

Von einem Heiligen hast Du den Namen.
Sein gutes Vorbild sei der Samen,
der in Deinem Leben Wurzeln schlägt
und Dich heil durch Dein Leben trägt.

Dein Name soll Dein Vorbild werden,
drum ward er Dir gegeben.
So wie Dein Heiliger auf Erden
gestalt' auch Du Dein Leben.

Der Heilige, nach dem Du heißt
steht stützend Dir zur Seite
und gibt auch in der größten Not
Dir schützend sein Geleite.

So soll Dein Namenstag in jedem Jahr
Dir seinen Segen bringen.
Sei wie er so fromm und wahr,
dann wird Dein Leben Dir gelingen!

* * * * *

Dir soll nicht irgendwo
ein weißer Hirsch oder ein Königssohn
oder eine Fee begegnen,
die Dich reich macht.
Aber Du sollst Augen haben,
damit Du es siehst,
wenn Dir in Deinem Leben
ein Wunder begegnet.

Gottes Segen, Himmels Walten
mögen Euch gesund erhalten,
ein bißchen Glück, vergnügt und heiter,
bleibe ständig Dein Begleiter!

* * * * *

Heut an Deinem Namenstage
wünsche ich das Beste Dir,
daß Dein Herz stets für mich schlage,
mein Liebling, wünsch ich mir!
Könntest Du ins Herz mir blicken,
meine heiße Liebe sehn,
oh, ich würd', Dich zu beglücken,
gerne alle Wege gehn!
Mögen noch der Tage viele
glücklich uns beisammen sehn,
und wir hin zum schönen Ziele
Hand in Hand verschlungen gehn!
Ich wünsche Dir,
daß Du Dein Leben nicht unberührt
von den Menschen verbringst,
als wärst Du irgendwo in der Stille an einem See,
wie in den Ferien.
Du sollst hin und wieder eine Stunde haben
in der Deine Seele still liegt
wie Wasser auf einem See
und das Licht sich in ihr spiegelt.

* * * * *

Lebe! Liebe! Lache!
Auf diese Weise mache
Dein neues Jahr zu einem Fest,
das Dich Dein Leben feiern läßt.
Es soll das neue Lebensjahr
noch besser sein, wie's alte war!

Leben sollst Du
und im Licht stehen,
auch wenn es Winter wird.
Denn die Jahreszeiten
haben in der Natur, aber auch im Leben
ihre eigenen Gesetze.
Selbst der Frost
hat einen Sinn.
Auch die Liebe muß es aushalten,
manchmal zu schweigen, sich nach innen
zu wenden.
Erlebe also auch das Eis des Winters
als eine Herrlichkeit von Gott.

* * * * *

Liebe Erika, ich bin hier,
und ich gratuliere Dir;
wünsche Dir das Allerbeste
heut, zu Deinem Wiegenfeste.
Welken meine Blumen auch dahin –
nie verwelkt, was wir erhoffen:
Heiterkeit und froher Sinn
halten unsre Herzen offen!

Reimt sich auch mit anderen Namen!

* * * * *

Liebe, gute Mutter, ich will Dir
zu Deinem heut'gen Wiegentage
gerne alles sagen, was ich hier
in meinem Herzen für Dich fühle.
Und deswegen tue ich ganz laut kund:
Liebe Mutter, bleib gesund!

Liebe, gute Omama,
heute sind wir alle da,
um mit Dir zu sein so froh
wie auf dem Hund ein kleiner Floh!
Sehr heiter und auch wunderschön
soll Dein Geburtstag heut vergehn.
Für Dein Geschenk tat ich mich fleißig bücken,
um frische Blumen Dir zu pflücken.
Ich habe auch ein Bild von Dir gemalt
und hoffe, Du wirst 100 Jahre alt!

* * * * *

Mindestens die Hälfte Deiner Wünsche
soll in Erfüllung gehen und die schmerzlichen
Prüfungen sollst Du leicht bestehen,
doch bewahre vor allem Deine Heiterkeit,
weil Dich so das Leben viel mehr freut.

* * * * *

Weil wir feiern Dein Geburtstagsfest,
sprang ich ganz früh heut aus dem Nest
und bringe Dir als meinen lieben Morgengruß
Dein Frühstück ans Bett mit einem Kuß.
Was man sich Gutes denken mag,
das wünsch' ich Dir zu diesem Tag.

* * * * *

Wer wie Du so angenehm tagtäglich,
so freundlich ist und so verträglich,
so herzlich, ohne sich zu zieren,
dem wird man gerne gratulieren:
Das neue Lebensjahr sei heiter;
Glück sei Dein ständiger Begleiter!

Wie Gott durch viele lange Jahre
beschützt, geführt Dich bis hierher,
so bitt' ich heute: Er bewahre
Dir seine Gnade mehr und mehr.

Er möge für Dein künft'ges Leben
Dir Kraft, Gesundheit, frohen Mut
und seinen reichen Segen geben
als unsres Lebens höchstes Gut.

* * * * *

Wir wünschen Gottes reichen Segen,
Frieden und Freude auf allen Wegen,
Weder Krankheit auch und Leid!
Wir wünschen Glück bei allen Dingen,
alle Werke mögen Dir gelingen
und Du sollst froh erwachen alle Zeit!

* * * * *

Wo Herz und Tatkraft sind verbunden,
wo Nächstenliebe, Freundlichkeit
ganz selbstverständlich sich gefunden,
da ist auch Freundschaft Selbstverständlichkeit
So hoffen wir an diesem Tag,
daß Gott Dir dies erhalten mag!

* * * * *

Zu Deinem Geburtstag wünsch' ich Dir:
nur Gutes komm' zu Deiner Tür.
Auf jedem Weg, zu jeder Zeit,
sei Gottes Segen Dein Geleit!

Lieber Vater, ich bin hier,
denn ich gratuliere Dir!
Wünsche Dir das Allerbeste
heut, zu Deinem Wiegenfeste.
Zum heut'gen Tage Glück und Segen,
auf allen Deinen Lebenswegen.

* * * * *

Jeder, der sich die Fähigkeit erhält,
Schönes zu erkennen, wird nie alt werden.
Franz Kafka

* * * * *

Sieh nicht, was andre tun,
der andern sind so viel,
Du kommst nur in ein Spiel,
das nimmermehr wird ruhn.
Geh einfach Gottes Pfad,
laß nichts sonst Führer sein,
so gehst Du recht und grad,
und gingst Du ganz allein.
Christian Morgenstern

* * * * *

Nicht in die ferne Zeit verliere Dich –
den Augenblick ergreife, der ist Dein.
Friedrich von Schiller

Wenn man dich haßt,
Wenn man dich liebt,
Wenn man dir nimmt,
Wenn man dir gibt,
Wenn man dich schilt,
Wenn man dich ehrt,
Und was dir sonst auch widerfährt,
Bleib ungestört und abgeschieden
In deinem Grund mit Gott zufrieden.

Gerhard Tersteegen

* * * * *

Jeder Tag mag so gestaltet werden,
als ob er die Reihe der Tage beende
und das Leben restlos erfülle.
Wenn Gott uns dazu noch das Morgen schenkt,
so wollen wir es frohen Herzens hinnehmen.

Seneca

* * * * *

Wohl blühet jedem Jahre
sein Frühling, mild und licht,
auch jener große, klare,
getrost! Er fehlt Dir nicht;
es ist Dir noch beschieden
am Ziele Deiner Bahn,
Du ahnest ihn hienieden
und droben bricht er an.

Ludwig Uhland

Laß ab dein Klag
Und hab' in dem allen Geduld,
Tröst' dich der Gottes Gnad und Huld,
Der dir mancherlei Gab hat gegeben:
Voraus auf Erd so langes Leben,
Das ist ein Gottes Gnad und Gab.
Deshalb laß dein Ungeduld ab,
Trag frohmütig das Alter dein
Mit all den Gebrechen sein.
Hast an Leib abgenommen du,
So hat dein Gemüt genommen zu
In Verstand, Bitten und Tugend;
Darin übertriffst du die Jugend,
Die sich in manches Unglück stürzt,
Ihr oft das Leben selber kürzt.
Hast du gleich ein Unglück erlitten,
Hast du doch ehrlich es durchstritten,
Stehst wie ein triumphierend Pferd.
Des ist dein Alter ehrenwert,
Standhaft, lobwürdig und ganz adelig,
Das erhalt mir fortan untadelig,
Laß ab die Klage dein!

Hans Sachs

* * * * *

Durch Stolpern kommt man bisweilen weiter;
man muß nur nicht fallen und liegenbleiben.

Johann Wolfgang von Goethe

* * * * *

Kummer, sei lahm! Sorge, sei blind!
Es lebe das Geburtstagskind!

Theodor Fontane

Carpe diem – Ergreife den Tag
Horaz

* * * * *

Halt' Dein Rößlein nur im Zügel,
kommst ja doch nicht allzuweit,
Hinter jedem neuen Hügel
dehnt sich die Unendlichkeit.
Nenne niemand dumm und säumig,
der das Nächste recht bedenkt.
Ach, die Welt ist so geräumig,
und der Kopf ist so beschränkt.

Wilhelm Busch

* * * * *

Das Leben ist ein Raub,
das Leben eine Beute:
Wer weiß, wer's morgen nimmt!
Wer's hat, genieß es heute!

Friedrich Rückert

* * * * *

Wer andere kennt, ist klug,
Wer sich selbst kennt, ist erleuchtet.
Wer andere überwindet, hat Stärke,
Wer sich selbst überwindet, ist mächtig.
Wer Genügsamkeit kennt, ist reich,
Wer mächtig fortschreitet, hat Willen.
Wer seinen Platz nicht verliert, dauert fort,
Wer stirbt und doch nicht untergeht, lebt lange.

Laotse

Die Wunschlosigkeit
glücklicher Menschen
kommt von der Windstille
der Seele, die ihnen
das Glück geschenkt hat.

François La Rochefoucauld

* * * * *

Manche Zeit wird uns entrissen,
manche gestohlen,
manche verrinnt einfach.
Am schändlichsten ist jedoch
ein Verlust, der durch
Nachlässigkeit entsteht.

Seneca

* * * * *

Wenn du sehr alt werden willst,
mußt du beizeiten anfangen.

Spanisches Sprichwort

Runder Geburtstag

Menschen, die einen runden Geburtstag begehen, haben oft Probleme mit ihrem Alter, das fängt bei 20- und 30jährigen an und hört bei den 50ern noch lange nicht auf. Vermeiden Sie also im Zweifelsfall alle Anspielungen darauf. Der Hinweis, jetzt sei die „Grufti-Grenze" überschritten, ist zwar mit Sicherheit lustig gemeint, kann aber gerade in einer solchen Situation sehr verletzend wirken. Dies gilt übrigens auch dann, wenn der Geburtstagsjubilar selber Anspielungen auf sein Alter macht. Oft ist damit lediglich die nicht eingestandene Bitte verbunden, man solle der Aussage möglichst vehement widersprechen.

Freude nach Trauer, Friede nach Streit,
Jubel nach Tränen, Lust nach dem Leid,
himmlische Freude wird uns dann zuteil;
auf Erden und droben ist Jesus das Heil.

* * * * *

Alt werden selbst des Königs schöne Wagen,
und auch der Körper unterliegt dem Alter;
nicht unterliegt ihm nur
der Guten Tugend – dies künden
samt und sonders uns die Guten.

Buddhistische Weisheit

* * * * *

Am Wegrand steht ein alter Baum.
Der ist verdorrt seit vielen Tagen.
Sein Kern ist schwarz, seit ihn der Blitz geschlagen.
Und doch erscheint noch frisch der Rinde Braun.
So gibt es viele, die ein Leid ertragen
Und nichts davon in ihrem Äußern klagen.

Chinesische Weisheit

* * * * *

Am guten Alten
in Treue halten;
am kräftigen Neuen
sich stärken und freuen,
wird niemand gereuen.

Emanuel Geibel

Der Jugend wird oft der Vorwurf
gemacht, sie glaube immer,
daß die Welt mit ihr erst anfange.
Wahr. Aber das Alter glaubt noch öfter,
daß mit ihm die Welt aufhöre.
Was ist schlimmer?

Friedrich Hebbel

* * * * *

Klage nicht, daß dir im Leben
ward vereitelt manches Hoffen.
Hat, was du gefürchtet eben,
doch auch meist dich nicht betroffen.

Friedrich Rückert

* * * * *

Des Menschen Alter:
Ein Kind vergißt sich selbst;
ein Knabe kennt sich nicht;
ein Jüngling acht' sich schlecht;
ein Alter nimmt Verdruß;
ein Greis wird wieder Kind -
Was meinst Du, was doch dies
für Herrlichkeiten sind.

Friedrich von Logau

* * * * *

Welche Freude, wenn es heißt:
Alter, du bist alt an Haaren,
blühend aber ist dein Geist.

Gotthold Ephraim Lessing

Wem Zeit ist wie Ewigkeit,
Und Ewigkeit wie die Zeit,
Der ist befreit
Von allem Streit.

Jakob Böhme

* * * * *

Keine Kunst ist's, alt zu werden,
Es ist Kunst, es zu ertragen.

Johann Wolfgang von Goethe

* * * * *

Staunen ist der erste Schritt zu einer Erkenntnis.

Louis Pasteur

* * * * *

Daß alles vergeht, weiß man schon in der Jugend; aber wie schnell alles vergeht, erfährt man erst im Alter.

Marie von Ebner-Eschenbach

* * * * *

Ich kann die Achtung aller Menschen entbehren, nur meine eigene nicht. Meine Ehre steht in Niemandes Hand als in meiner eigenen, und kann mich nicht überhäufen; die eigene, die ich in meinem Herzen trage, genügt mir vollständig und niemand ist Richter darüber und kann entscheiden, ob ich sie habe.

Otto von Bismarck

Ich lebe mein Leben in wachsenden Ringen,
die sich über die Dinge ziehn.
Ich werde den letzten vielleicht nicht vollbringen,
aber versuchen will ich ihn.

Rainer Maria Rilke

* * * * *

Gold und Lachen
können das Alter zur Jugend machen.

Talmud

* * * * *

Courage ist gut, Ausdauer ist besser.

Theodor Fontane

* * * * *

Als ich in Jugendtagen
Noch ohne Grübelei,
Da meint ich mit Behagen,
Mein Denken wäre frei.

Seitdem hab ich die Stirne
Oft auf die Hand gestützt
Und fand, daß im Gehirne
Ein harter Knoten sitzt.

Mein Stolz, der wurde kleiner.
Ich merkte mit Verdruß:
Es kann doch unsereiner
Nur denken wie er muß.

Wilhelm Busch

Ein fröhliches Gemüt
macht ein blühend Alter;
ein trauriger Geist
vertrocknet die Gebeine.

Sprüche Salomons

* * * * *

Es ist sichtbar ein Vorzug des Alters, den Dingen der Welt ihre materielle Schärfe und Schwere zu nehmen und sie mehr in das innere Licht der Gedanken zu stellen, wo man sie in größerer, immer beruhigender Allgemeinheit übersieht.

Wilhelm von Humboldt

* * * * *

Hüt' vor dem Alltag,
was Du Heiliges hast!
Er verstaubt es Dir,
er macht Dir's zu Leid
mit seinem Neid,
er macht Dir's zur Last.
Hüt' vor dem Alltag,
was Du Heiliges hast!

Cäsar Flaischlen

* * * * *

Sag selbst, was ich Dir wünschen soll,
ich weiß nichts zu erdenken.
Du hast ja Küch' und Keller voll,
nichts fehlt in Deinen Schränken.

Friedrich von Schiller

Ein fröhliches Herz
erheitert das Angesicht;
ein trauriges Gemüt
schlägt nieder den Geist.

Sprüche Salomons

* * * * *

Es hilft uns kein Gedeutel,
so nimm es, wie es fällt:
Der eine hat den Beutel,
der andre hat das Geld.
Es läßt sich nichts erklopfen:
Der eine hat den Wein,
der andre hat die Pfropfen.
Man muß zufrieden sein!

Theodor Fontane

* * * * *

Es ist der Mühe wert, lange zu leben
und die mancherlei Pein zu ertragen,
die ein unerforschlich waltendes Geschick
in unsere Tage mischt,
wenn wir zuletzt über uns selbst
durch andere aufgeklärt werden,
und das Problem unseres Strebens und
Irrens sich in der
Klarheit der Wirkungen auflöst,
die wir hervorgebracht haben.

Johann Wolfgang von Goethe

Im Garten blühn schon ein Weilchen
Schneeglöckchen, Krokus und Veilchen.
Da hab' ich mich nicht lang bedacht
und ein schönes Sträußchen zurechtgemacht.
Das bringe ich dir zum Geburtstagsfest.
Der Frühling dich schön grüßen läßt.
Er sagt, mit allem Sonnenschein
kehrt er so gerne bei dir ein,
damit dein neues Lebensjahr
sei sonnig, fröhlich, hell und klar.

Friedrich Güll

* * * * *

Es trägt wohl mancher Alte,
des Herz längst nicht mehr flammt,
im Antlitz eine Falte,
die aus der Kindheit stammt.

Julius Hammer

* * * * *

Alles fügt sich
Und erfüllt sich,
Mußt es nur erwarten können
Und dem Werden deines Glückes
Jahr und Felder reichlich gönnen.
Bis du eines Tages jenen
Reinen Duft von Körnern spürst
Und dich aufmachst
Und die Ernte
In die tiefen Speicher fährst.

Christian Morgenstern

Da kommt mir eben so ein Freund
Mit einem großen Zwicker.
Ei, ruft er, Freundchen, wie mir scheint,
Sie werden immer dicker.

Ja, ja, man weiß oft selber nicht wie,
So kommt man in die Jahre;
Pardon, mein Schatz, hier haben Sie
Schon eins, zwei graue Haare! –

Hinaus, verdammter Kritikus,
Sonst schmeiß' ich dich in Scherben,
Du Schlingel willst mir den Genuß
Der Gegenwart verderben!

Wilhelm Busch

* * * * *

Ei, bin ich denn darum achtzig Jahre alt geworden,
daß ich immer dasselbe denken soll?
Ich strebe vielmehr täglich, etwas Anderes,
Neues zu denken, um nicht langweilig zu werden.
Man muß sich immerfort verändern, erneuern,
verjüngen, um nicht zu verstocken.

Johann Wolfgang von Goethe

* * * * *

Wie schade, daß so wenig Raum ist
zwischen der Zeit,
wo man zu jung ist, und der,
wo man zu alt ist!

Montesquieu

Eine Ehrenkrone ist das Alter;
auf dem Weg der Gerechtigkeit
wird es gefunden.

Sprüche Salomons

* * * * *

Ach wie schön, daß Du geboren bist!
Gratuliere uns, daß wir Dich haben,
Daß wir Deines Herzens gute Gaben
Oft genießen dürfen ohne List.

Deine Mängel, Deine Fehler sind
Gegen das gewogen harmlos klein.
Heut nach vierzig Jahren wirst Du sein:
Immer noch ein Geburtstagskind.

Möchtest Du: nie lange traurig oder krank
Sein. Und: wenig Häßliches erfahren. –
Deinen Eltern sagen wir unseren fröhlichen Dank
Dafür, daß sie Dich gebaren.

Gott bewirke Dir
Alle Deine Schritte;
Ja, das wünschen wir,
Deine Freunde und darunter (bitte)
Dein

Joachim Ringelnatz

* * * * *

Jeder möchte lange leben,
aber keiner möchte alt werden.

Jonathan Swift

Der alte Junge ist gottlob
Noch immer äußerst rührig;
Er läßt nicht nach, er tut als ob,
Wennschon die Sache schwierig.

Wie wonnig trägt er Bart und Haar,
Wie blinkt der enge Stiefel.
Und bei den Damen ist er gar
Ein rechter böser Schliefel.

Beschließt er dann des Tages Lauf,
So darf er sich verpusten,
Setzt seine Zipfelkappe auf
Und muß ganz schrecklich husten.

Wilhelm Busch

* * * * *

In der Jugend herrscht die Anschauung,
im Alter das Denken vor.
Daher ist jene die Zeit für Poesie,
dieses mehr für die Philosophie.

Arthur Schopenhauer

* * * * *

Nichts macht schneller alt
als der immer vorschwebende Gedanke,
daß man älter wird.

Lichtenberg

* * * * *

Alt ist man, wenn man in der Vergangenheit
mehr Freunde hat als in der Zukunft.

John Knittel

Nur mit großer Traurigkeit
bleibt er vor dem Spiegel stehn,
um sein Bildnis zu besehn.

Wilhelm Busch

* * * * *

Nicht vom letzten Schlittengleise
Bis zum neuen Flockentraum
Zähl ich auf der Lebensreise
Den erfüllten Jahresraum.

Nicht vom ersten frischen Singen,
Das im Wald geboren ist,
Bis die Zweige wieder klingen,
Dauert mir die Jahresfrist.

Von der Kelter nicht zur Kelter
Dreht sich mir des Jahres Schwung,
Nein, in Flammen werd' ich älter
Und in Flammen wieder jung.

Von dem ersten Blitze heuer,
Der aus dunkler Wolke sprang,
Bis zu neuem Himmelsfeuer
Rechn ich meinen Jahresgang.

Conrad Ferdinand Meyer

* * * * *

Der Jünglinge Frohlocken ist ihre Kraft;
und die Würde der Greise
ist ihr graues Haar.

Sprüche Salomons

Das Schlimmste, was uns widerfährt,
Das werden wir vom Tag gelehrt.
Wer in dem Gestern Heute sah,
Dem geht das heut' nicht allzu nah,
Und wer im heute sieht das Morgen,
Der wird sich rühren, wird sich sorgen.

Johann Wolfgang von Goethe

* * * * *

Die Tragödie des Alters beruht nicht darin,
daß man alt ist, sondern daß man jung ist.

Oscar Wilde

* * * * *

Fröhlichkeit ist nicht die Flucht
vor der Traurigkeit, sondern
der Sieg über sie!

Gorch Fock

* * * * *

Nie sollte man der Frauen Alter nennen,
weil sie sich doch nicht gern dazu bekennen,
wenn aber eine glüht voll Jugendfeuer
und Temprament hat, bald ungeheuer,
der Geist noch frisch wie Morgentau,
so ist dies keine alte Frau,
und keiner glaubt's, wenn er's auch wüßt',
daß sie heute achtzig Jahre ist.

Ludwig Schmid-Wildy

Ihr Leute, groß und klein, ihr wißt,
Daß heute unser Festtag ist
Und daß wir feiern müssen.
So fangt nur gleich frühmorgens an
Und bis die Stern am Himmel stahn,
Und singt und springt und springt und singt.

Denk heute niemand an Gefahr,
Und ob wir über hundert Jahr
Den Tag noch feiern werden.
Wir haben ihn ja heute noch,
Gott sei gelobt! So braucht ihn doch,
Und macht uns heut das Herz nicht krank und schwer.

Denn freilich! Alles Ding vergeht,
Auch unser Festtag nicht besteht,
Er wird uns endlich fehlen.
Doch nicht so bald – fleht, und hofft,
Er soll noch wiederkommen oft,
Soll oft noch wiederkommen!!!

Matthias Claudius

Kommunion, Firmung und Konfirmation

In der Entwicklung von Kindern und Jugendlichen markieren diese kirchlichen Feste wichtige Stationen auf dem Weg zum Erwachsenwerden. Kinder sind in diesen Situationen, die immer auch ein Stück Abschied von unbeschwerten Kindertagen darstellen, oft besonders sensibel, auch wenn sie dies durch betont „erwachsenes" oder „cooles" Gehabe zu übertünchen versuchen.

Für sie einen passenden Spruch auszusuchen, erfordert einiges Fingerspitzengefühl und sehr viel Takt. Denn zum einen sollen die Kinder nicht überfordert werden, zum anderen sollten Sie vermeiden, Ihren Glückwunsch allzu kindlich zu formulieren. Im Zweifelsfall suchen Sie am besten das Gespräch mit den Eltern und fragen, ob der gewählte Spruch und die Form wirklich passen.

Andererseits geht es den meisten Kindern an diesen Ehrentagen, an denen sie in der Kirche ohnehin mit guten Wünschen und Ratschlägen *konfrontiert werden, bei der Feier im Kreis der Familie vermutlich mehr um die Geschenke als um besonders tiefsinnige Sprüche. Halten Sie es also am besten mit dem Motto: In der Kürze liegt die Würze!*

*****

Du bist von Gottes Hand beschirmt,
denn Du bist heut gefirmt.

*****

Gott schütze Dich! Denn eines ist gewiß:
Wenn wir fromm die Hände falten,
uns im Glauben an ihn halten,
wissen wir, daß er allein der Herr des Lebens ist.

*****

„Ein' feste Burg ist unser Gott,
Ein' gute Wehr und Waffen",
Sei in der Jugend nicht nur Gebot,
sondern soll Dir Zuversicht verschaffen
Zu froher, freier Gläubigkeit
Von heute an auf Lebenszeit!

*****

Gottes unermeßlich große Güte
Dich von heute an behüte!
Denn niemals endet seine Huld
auch wenn Du stehst in seiner Schuld.

Freue Dich über Deine Erfolge,
sei stolz auf Mißerfolge
und die Lehren, die Du daraus ziehst;
lerne lachen über Deine Fehler
und zu lächeln über Deine Schwächen.
Vergiß aber nie, ständig Deine Vorzüge
zu hinterfragen, damit Du immer weißt,
von wem Du sie hast.

* * * * *

Ich wünsche Dir,
daß irgendwann an irgendeinem Ast
Deines Lebens eine Blüte
aufbricht, daß Dir dann und wann
etwas Schönes gelingt,
und daß irgendwann
ein Wort der Liebe den Weg
in Dein Herz findet.

* * * * *

Ich wünsche Dir nicht, daß Du
so stark oder groß wirst
wie ein Baum, oder gar so reglos.
Aber daß Du ab und zu
nach oben schaust, wo die Kronen
der mächtigen Bäume sind und Gottes Himmel.

* * * * *

Ich wünsche Dir, daß Du stehenbleiben lernst
und nicht immer weiter rennst,
daß Du stehen lernst und wachsen
wie ein Baum.

Ich wünsche Dir zur Kommunion,
daß Gott Vater und Gott Sohn
beschützen Dich mit Segen
auf allen Deinen Wegen.
Dann wanderst fromm und glücklich Du
der goldnen Himmelspforte zu.

* * * * *

Wenn Gott ist Dein Begleiter
verirrst Du Dich nicht,
denn dann ist ER Dein Streiter
für Wahrheit und für Licht!
IHM darfst Du ganz vertrauen
und hören auf sein Gebot;
denn auf IHN kannst Du bauen
im Glück und in der Not!

* * * * *

Menschen irren,
aber nur große Menschen
erkennen den Irrtum.
August von Kotzebue

* * * * *

Dein Geist wird dich leiten,
in jedem Augenblick das Rechte zu wirken.
Johann Wolfgang von Goethe

Mach' es wie die Blümelein,
strebe zur Sonne, zum Licht,
achte der Stürme und Wetter nicht.

Ob lockeres Erdreich, ob felsiger Spalt,
fassen sie Wurzeln mit zäher Gewalt
und grünen und blühen.

Danach sollst Du trachten:
eigne Rechte mild zu üben,
fremde Rechte streng zu achten.

Emanuel Geibel

*****

Habe täglich den Tod vor Augen;
das wird dich vor kleinlichen Gedanken und
vor maßlosen Begierden bewahren.

Epiktet

*****

Bau' dein Nest,
weil der Frühling
währet,
Luftig bau's in die Welt
hinein;
Wagen gewinnt,
Schwäche zerrinnt.
Wage! Dulde! –
Die Welt ist dein.

Ernst Moritz Arndt

Wer zwei Dinge auf einmal tut,
dem geraten selten beide gut.
Freidank

*****

Kehr in dich still zurück,
ruh in dir selber aus,
so fühlst du höchstes Glück.
Friedrich Rückert

*****

Klugheit wagt keinen hohen Flug,
hält sich in sicherem Gleise.
Ihr eigenes Wohl ist ihr genug –
Weisheit zieht größere Kreise.
Der weise Mann ist selten klug
und der kluge selten weise.
Friedrich von Bodenstedt

*****

Wenn ein Mensch mit Gott gut steht,
Der steht wohl, wenn's übel geht;
denn er kann die höchsten Gaben,
Vater, Bruder, Tröster haben.
Friedrich von Logau

*****

Wohl dem, der frei von Schuld und Fehle
bewahrt die kindlich reine Seele.
Friedrich von Schiller

Die Welt ist voll von Gottes Segen;
willst du ihn haben, ist er dein.
Du brauchst nur Hand und Fuß zu regen.
Du brauchst nur fromm und klug zu sein.

Friedrich Wilhelm Weber

* * * * *

Sei treu, sei unverzagt,
fromm, mildreich von Gemüte,
den Frevel strafe mit Güte,
nimm deine Zucht wohl in die Hut,
den Großen stark, den Armen gut.
Die Deinen sollst du ehren,
die Fremden zu dir kehren,
den Weisen wohne immer bei,
den Toren flieh', wo er auch sei.
Vor allem aber liebe Gott
und richte wohl nach seinem Gebot.

Hartmann von Aue

* * * * *

Nicht gut ist, daß sich alles erfüllt, was Du wünschest;
Durch Krankheit erkennst Du den Wert der Gesundheit,
am Bösen den Wert des Guten,
duch Hunger die Sättigung,
in der Anstrengung den Wert der Ruhe.

Heraklit

* * * * *

Kinder und Uhren dürfen nicht beständig aufgezogen werden,
man muß sie auch gehen lassen.

Jean Paul

Das Glück liegt nicht in den Dingen,
sondern in der Art und Weise,
wie sie zu unsern Augen,
zu unserm Herzen stimmen.
Jeremias Gotthelf

* * * * *

Was du ererbt von Deinen Vätern hast,
erwirb es, um es zu besitzen.
Johann Wolfgang von Goethe

* * * * *

Das wahre Glück
besteht nicht in dem,
was man empfängt,
sondern in dem,
was man gibt.
Johannes Chrysostomus

* * * * *

Wer wirklich gütig ist,
kann nie unglücklich sein;
wer wirklich weise ist,
kann nie verwirrt werden.
Wer wirklich tapfer ist,
fürchtet sich nie.
Konfuzius

* * * * *

Sage nicht immer, was Du weißt,
aber wisse immer, was Du sagst!
Matthias Claudius

Vernunft ist Gottes Tempel, darin er wohnt
und in ungebrochenem Glanze leuchtet!
Wir aber erfassen Gott in der Seele,
die auch ein Tröpflein besitzt von dieser Vernunft,
ein Fünklein, einen Zweig.

Meister Eckart

* * * * *

Erwirb dir Weisheit,
denn sie ist besser als Gold;
und verschaffe dir Klugheit,
denn sie ist köstlicher als Silber.

Sprüche Salomons

* * * * *

Erscheint Dir etwas unerhört,
bist tiefsten Herzens Du empört;
bäum' Dich nicht auf, versuch's nicht im Streit,
berühr' es nicht, überlaß es der Zeit.
Am ersten Tag wirst Du feige Dich schelten:
am zweiten läßt Du Dein Schweigen schon gelten;
am dritten hast Du's überwunden:
Alles ist wichtig nur auf Stunden.
Ärger ist Zehrer und Lebensvergifter,
Zeit ist Balsam und Friedensstifter.

Theodor Fontane

* * * * *

Es ist ein frommer Wunsch aller Väter,
das was ihnen selbst abgegangen,
an den Söhnen realisiert zu sehen.

Johann Wolfgang von Goethe

In weißen Schleiern gehn die Konfirmanden
tief in das neue Grün der Gärten ein.
Sie haben ihre Kindheit überstanden,
und was jetzt kommt, wird anders sein.

Rainer Maria Rilke

* * * * *

Denn wir können die Kinder
nach unserem Sinne nicht formen,
so wie Gott sie uns gab,
so muß man sie haben und lieben,
sie erziehen aufs beste
und jeglichen lassen gewähren,
denn der eine hat die,
die andern andre Gaben.

Johann Wolfgang von Goethe

* * * * *

Es kann in Ewigkeit kein Ton so
lieblich sein,
als wenn des Menschen Herz mit Gott
stimmt überein.

Angelus Silesius

* * * * *

Der Welt Allerweichstes überwindet
der Welt Allerhärtestes.
Das Nicht-Seiende durchdringt
das Zwischenraumlose.

Laotse

Hehle nimmer mit der Wahrheit!
Bringt sie Leid, nicht bringt sie Reue;
doch weil Wahrheit eine Perle,
wirf sie auch nicht vor die Säue.
Blüte edelsten Gemütes
ist die Rücksicht. Doch zuzeiten
sind erfrischender wie Gewitter
goldne Rücksichtslosigkeiten.
Wackrer heimatlicher Grobheit
setze deine Stirn entgegen;
artigen Leutseligkeiten
gehe schweigend aus den Wegen.
Wo zum Weib du nicht Tochter
wagen würdest zu begehren,
halte dich zu wert, um gastlich
in diesem Hause zu verkehren.
Was du immer auch willst werden,
Arbeit scheue nicht und wachen;
aber hüte deine Seele
vor dem Karrieremachen.
Wenn der Pöbel aller Sorte
tanzet um die goldnen Kälber,
halte fest: Du hast vom Leben
doch am Ende nur dich selber.

Theodor Storm

* * * * *

Gilt's zu hören, sei der erste,
der letzte, wenn's zu reden gilt.

Türkisches Sprichwort

Sie sind versammelt, staunende Verstörte,
um ihn, der wie ein Weiser sich beschließt
und der sich fortnimmt denen er gehörte
und der an ihnen fremd vorüberfließt.
Die alte Einsamkeit kommt über ihn,
die ihn erzog zu seinem tiefen Handeln;
nun wird er wieder durch den Ölwald wandeln,
und die ihn lieben werden vor ihm fliehn.

Er hat sie zu dem letzten Tisch entboten
und (wie ein Schuß die Vögel aus den Schoten
scheucht) scheucht er ihre Hände aus den Broten
mit seinem Wort: sie fliegen zu ihm her;
sie flattern bange durch die Tafelrunde
und suchen einen Ausgang. Aber *er*
ist überall wie eine Dämmerstunde.

Rainer Maria Rilke

* * * * *

Ach lieber Herre Jesus Christus,
weil Du ein Kind gewesen bist,
so gib auch diesem Kindelein
die Gnad und auch den Segen Dein.
Ach Jesus, Herre mein,
behüt dies Kindelein.

Heinrich von Laufenberg

Freundschaft

Ganz einerlei, wie Sie persönlich Freundschaft definieren – Ihre Freundinnen und Freunde sind Menschen, zu denen Sie eine ganz besondere Beziehung haben, die Sie sehr gut kennen. Das macht die Auswahl eines passenden Spruches für ein Zitat allerdings nicht leichter, sondern, ganz im Gegenteil, oft sehr viel schwerer. Denn in aller Regel kennen sie ja sehr verschiedene Seiten eines Menschen, mit dem Sie befreundet sind.

Hier Tips zu geben, nach welchen Kriterien Sie die Auswahl treffen sollen, ist unmöglich. Lassen Sie sich von Ihrem guten Gefühl und Gespür leiten. Konzentrieren Sie sich auf die Seiten und Eigenschaften, die Sie als positiv einschätzen und nutzen Sie die Gelegenheit, dem Empfänger zu zeigen, wie sehr Sie ihn schätzen und mögen. Gelegenheiten, sich kritisch zu äußern, gibt es zu anderen Zeiten genügend.

Du mußt nicht unbedingt
„Freiheit" haben
oder ohne Menschen
allein auf weiter Flur leben.

Ich wünsche Dir Freunde,
hilfreiche und störende,
solche, die Du brauchst,
solche, die Dich brauchen.

* * * * *

Ich wünsche Dir, daß Du immer
Halt findest wie ein Wilder Wein
an einem festen Stamm;
daß Du die Kraft hast,
selber ein Stamm zu sein
für die, die Du tragen sollst.

* * * * *

Wen die Liebe bettet, der ruht gut!
Adelbert von Chamisso

* * * * *

Ein Freund, der mir den Spiegel zeiget,
den kleinsten Flecken nicht verschweiget,
mich freundlich warnt, mich herzlich schilt,
wenn ich nicht meine Pflicht erfüllt:
Der ist mein Freund.
Christian Fürchtegott Gellert

Mir ist zu licht zum Schlafen,
der Tag bricht in die Nacht,
die Seele ruht im Hafen,
ich bin so froh erwacht.

Ich hauchte meine Seele
im ersten Kusse aus,
was ist's, daß ich mich quäle,
ob sie auch fand ein Haus.

Sie hat es wohl gefunden
auf ihren Lippen schön,
o welche sel'ge Stunden
wie ist mir so geschehn!

Was soll ich nun noch sehen,
ach, alles ist in ihr.
Was fühlen, was erflehen,
es ward ja alles mir.

Ich habe was zu sinnen,
ich hab', was mich beglückt,
in allen meinen Sinnen
bin ich von ihr entzückt.

Achim von Arnim

* * * * *

Wo man am meisten fühlt,
weiß man nicht viel zu sagen.

Annette von Droste-Hülshoff

Die Liebe bricht herein wie Wetterblitzen,
die Freundschaft kommt wie dämmernd
Mondenlicht.
Die Liebe will erwerben und besitzen,
die Freundschaft opfert, doch sie fordert nicht.

Emanuel Geibel

* * * * *

Wer seine Schranken kennt, ist der Freie;
wer frei sich wähnt, ist seines Wahnes Knecht.

Franz Grillparzer

* * * * *

Was ich dir wünsche, mein Freund?
Ich wünsche allen dasselbe:
Finde ein jeglicher den, der ihm im Innersten gleicht!
Bist du ein Guter,
so kann dich der Himmel nicht besser belohnen,
bist du ein Schlimmer,
so straft ärger die Hölle dich nicht.

Friedrich Hebbel

* * * * *

Hast du Verstand und ein Herz,
so zeige nur eines von beiden!
Beides verdammen sie dir,
zeigest du beides zugleich.

Friedrich Hölderlin

* * * * *

Über alles Glück geht der Freund,
der's fühlend erst erschafft, der's liebend mehrt.

Friedrich von Schiller

Und wärest du dem ärmsten Bettler gleich,
bleibt dir ein Freund, so bist du reich.
Doch wer den höchsten Königsthron gewann
und keinen Freund hat, ist ein armer Mann.

Friedrich Martin von Bodenstedt

* * * * *

Es gibt wohl hier und da auf Erden
eine Art Fortsetzung der Liebe,
bei der jenes habsüchtige Verlangen zweier
Personen nach einander einer neuen
Begierde und Habsucht,
einem gemeinsamen höheren Durste
nach einem über ihnen stehenden Ideal
gewichen ist; aber wer kennt diese
Liebe? Wer hat sie erlebt? Ihr rechter
Name ist Freundschaft.

Friedrich Nietzsche

* * * * *

Hast du etwas,
so teile mir's mit,
und ich zahle, was recht ist;
Bist du etwas,
o dann tauschen die Seelen wir aus.

Friedrich von Schiller

* * * * *

Das Band der Freundschaft verbindet
enger als das des Blutes oder der
Schwägerschaft; denn die Freunde
haben wir, wie wir sie uns wählen, die
Verwandten aber, wie das Glück sie uns gibt.

Giovanni Boccaccio

Wer Freunde sucht,
ist sie zu finden wert,
Wer keinen hat,
hat keinen noch begehrt.

Gotthold Ephraim Lessing

* * * * *

Wie könnt' ich dein vergessen!
Dein denk ich allezeit.
Ich bin mit dir verbunden,
mit dir in Freud' und Leid.
Ich will für dich im Kampfe stehn,
und sollte es sein, mit dir vergehn.
Wie könnt' ich dein vergessen!
Dein denk ich allezeit.
Wie könnt' ich dein vergessen!
Ich weiß, was du mir bist,
solang ein Hauch von Liebe
und Leben in mir ist.
Ich suchte nichts, als dich allein,
als deiner Liebe wert zu sein.
Wie könnt' ich dein vergessen!
Ich weiß, was du mir bist.

Hoffmann von Fallersleben

* * * * *

Das größte Glück des Menschen ist,
daß er selber Urheber seiner Glückseligkeit ist,
wenn er fühlt
das zu genießen,
was er selber sich erworben hat.

Immanuel Kant

Glückselig, wem die Seele keinen Vorwurf macht,
und dessen Zuversicht nicht leer zusammenfällt!

Jesus Sirach

* * * * *

Ein edler Mensch zieht edle Menschen an
Und weiß sie festzuhalten ...

Johann Wolfgang von Goethe

* * * * *

Ich hab' ein Liebchen, lieb recht von Herzen,
hellfrische Augen hat's wie zwei Kerzen,
und wo die spiegelnd streifen das Feld,
ach, wie so lustig glänzt die Welt!

Wie in der Waldnacht zwischen den Schlüften
plötzlich die Täler sonnig sich klüften,
funkeln die Ströme, rauscht himmelwärts
blühende Wildnis – so ist mein Herz!

Wie vom Gebirge ins Meer zu schauen,
wie wenn der Seefalk, hangend im Blauen,
zuruft der dämmernden Erd, wo sie blieb? –
So unermeßlich ist rechte Lieb!

Joseph von Eichendorff

* * * * *

Blicke in dein Inneres! Da drinnen ist
eine Quelle des Guten,
die niemals aufhört zu sprudeln,
solange du nicht aufhörst, nachzugeben.

Marc Aurel

Wer jedermanns Freund sein will,
der ist der meine nicht.

Molière

* * * * *

Zart ist der Faden der Freundschaft,
doch unzertrennlich wie jene Kette,
die Himmel und Meer und die Gestirne
umschlingt, aber auch dehnbar wie Gold,
er windet in lieblichen Knoten
selbst um die Freunde sich leicht,
welche das Schicksal getrennt.

Novalis

* * * * *

Durch Eintracht wächst das Kleine,
durch Zwietracht zerfällt das Größte.

Sallust

* * * * *

Erst seit ich liebe, ist das Leben schön,
erst seit ich liebe, weiß ich, daß ich lebe.

Theodor Körner

* * * * *

Ein guter, edler Mensch, der mit uns
gelebt, kann uns nicht genommen
werden; er läßt eine leuchtende Spur
zurück gleich jenen erloschenen
Sternen, deren Bild noch nach
Jahrhunderten die Erdbewohner sehen.

Thomas Carlyle

Wo du bist und wo ich sei,
ferneweg und nahebei;
überall und auch indessen
werd' ich deiner nicht vergessen;
dein gedenk' ich still erfreut,
selbsten in der Einsamkeit;
ja, im dicksten Publikum
schwebt mein Geist um dich herum.

Wilhelm Busch

* * * * *

Wem der große Wurf gelungen,
Eines Freundes Freund zu sein,
Wer ein holdes Weib errungen,
Mische seinen Jubel ein!
Ja – wer auch nur eine Seele
Sein nennt auf dem Erdenrund!
Und wer's nie gekonnt, der stehle
Weinend sich aus diesem Bund.

Friedrich von Schiller

* * * * *

Die Sehnsucht nach wahrer Freundschaft
und Liebe ist ein Vorrecht
zarter und gebildeter Seelen.

Wilhelm von Humboldt

* * * * *

Die wahre Freundschaft zeigt sich im Versagen
zur rechten Zeit, und es gewährt die Liebe
gar oft ein schädlich Gut, wenn sie den Willen
des Fordernden mehr als sein Glück bedenkt.

Johann Wolfgang von Goethe

Wohltaten hören auf, Wohltaten zu sein,
wenn man sucht, sich für sie bezahlt zu machen.

Gotthold Ephraim Lessing

* * * * *

Gib deine Seele nicht den Sorgen hin; und bring'
dich nicht zu Fall mit deinem Grübeln!

Jesus Sirach

* * * * *

Ja, mein Guter, man hat von seinen Freunden zu leiden gehabt!

Johann Wolfgang von Goethe

* * * * *

Wohl, wenn ins Eis des klügelnden Verstandes
Das warme Blut ein bißchen muntrer springt!
Laß den Bewohnern eines bessern Landes,
Was nie dem Sterblichen gelingt.

Friedrich von Schiller

* * * * *

Es kommt nicht darauf an,
daß die Freunde zusammenkommen,
sondern darauf, daß sie übereinstimmen.

Johann Wolfgang von Goethe

* * * * *

Es ist schlimm, erst dann zu merken,
daß man keine Freunde hat, wenn man
Freunde nötig hat.

Plutarch

Wenn du dich mit jemandem
befreunden möchtest, so erkundige
dich nicht lange über ihn,
sondern nähere dich ihm und sei mit
ihm zusammen. Prüfe sein Herz
durch ein Gespräch. Wenn er etwas,
was er beobachtet hat, weiterträgt
oder etwas tut, wofür du dich schämst,
dann sei vorsichtig.

Lehre des Ptahhotep

* * * * *

Mir ist, als müßt' ich singen
So recht aus tiefster Lust
Von wunderbaren Dingen,
Was niemand sonst bewußt.

O könnt' ich alles sagen!
O wär' ich recht geschickt!
So muß ich still ertragen,
Was mich so hoch beglückt.

Joseph von Eichendorff

* * * * *

Ein törichter Freund ist eine größere Plage
als ein weiser Feind.

Türkisches Sprichwort

* * * * *

Zur Wegenossenschaft
gehören beide Gaben –
nicht bloß ein gleiches Ziel,
auch gleichen Schritt zu haben.

Friedrich Rückert

Von einem dir Übelwollenden
halte dich fern, nimm ihn nicht
zum Genossen. Nimm den Rechten und
Gerechten zum Freund, dessen
Taten du gesehen hast.

Lehre des Schreibers Anii

* * * * *

Selig, wer sich von der Welt
ohne Haß verschließt,
einen Freund am Busen hält
und mit dem genießt.

Johann Wolfgang von Goethe

* * * * *

Wo Hoffart ist, da wird auch Schmach sein;
wo aber Demut ist, da ist die Weisheit.

Die Einfalt führt die Gerechten:
aber die Hinterlist stürzt die Treulosen ins
Verderben.

Sprüche Salomons

* * * * *

Man lernt das Herz des Freundes erst kennen,
wenn man ihn in der Not um Rat gefragt hat.

Weisheitsbuch des Phibis

* * * * *

Besser ist es tot zu sein,
als ohne Freunde leben.

Schwedisches Sprichwort

Wie jauchzet meine Seele
und singet in sich!
Kaum, daß ich's verhehle,
so glücklich bin ich.

Rings Menschen, die sich drehen
und sprechen gescheut,
ich kann nichts verstehen,
so fröhlich zerstreut. –

Zu eng wird das Zimmer,
wie glänzet das Feld,
die Täler voll Schimmer,
weit herrlich die Welt!

Gepreßt bricht die Freude
durch Riegel und Schloß,
fort über die Heide!
Ach, hätt' ich ein Roß! –

Und frag' ich und sinn' ich,
wie mir so geschehen?: –
Mein Liebchen herzinnig,
Das soll ich heut sehn!

Joseph von Eichendorff

* * * * *

Besser in der Tasche kein Geld
als ohne Freund in dieser Welt.

Sprichwort

* * * * *

Ein treuer Freund liebt mehr und
steht fester bei denn ein Bruder.

Sprüche Salomons

Die Liebe ist so unproblematisch wie ein Fahrzeug.
Problematisch sind nur die Lenker,
die Fahrgäste und die Straße.

Franz Kafka

* * * * *

Einem Kameraden hilft man.
Einem Kollegen mißtraut man.
Mit einem Freunde ist man albern.

Peter Bamm

* * * * *

Du hast uns oft im Traum gesehen
Zusammen zum Altare gehen,
Und dich als Frau, und mich als Mann.
Oft nahm ich wachend deinem Munde
In einer unbewachten Stunde,
So viel man Küsse nehmen kann.

Sie sind, die süß verträumten Stunden,
Die durchgeküßten sind verschwunden,
Wir wünschen traurig sie zurück.
O wünsche dir kein größres Glücke;
Es flieht der Erden größtes Glücke,
Wie des geringsten Traumes Glück.

Johann Wolfgang von Goethe

Verlobung

Sie kommt zwar mehr und mehr aus der Mode, doch wenn sich zwei Menschen verloben, dann ist dies allemal ein Grund zu uneingeschränkter Freude – auch wenn Sie der Meinung sein sollten, das die beiden vielleicht gar nicht so optimal zusammenpassen. Solche Zweifel haben aber mit Sicherheit nicht ihren Platz in einem Glückwunsch anläßlich der Verlobung.

Verwenden Sie den berühmt-berüchtigten Spruch „Drum prüfe, wer sich ewig bindet, ob sich nicht noch was beß'res findet" daher nur, wenn er wirklich nicht angebracht scheint und Sie sicher sind, daß er auch wirklich als Scherz aufgefaßt wird. Sind Sie besonders zurückhaltend, wenn Sie nur einen der beiden Partner besser kennen, vom anderen aber nur relativ wenig wissen. Bedenken Sie: Ihr Glückwunsch richtet sich automatisch an beide!

Verlobungszeit ist die schönste Zeit;
Liebe wächst und Gemeinsamkeit.
Wir wünschen, daß Ihr stets findet,
was immer fester Euch zusammenbindet!

* * * * *

Daß nimmer trübe Ungemach,
Daß fern Euch bleibe Not und Schmach,
Daß nie Ihr eine Träne weint,
Daß stets in Liebe Ihr vereint,
Daß stets Ihr aller Sorgen bar,
Das wünsch' ich dem verlobten Paar.

* * * * *

Wenn sich ER und SIE verloben,
verändert sich das ganze Leben.
Denn sie wollen feierlich geloben,
sich als Braut und Bräutigam zu geben.
Wir wünschen, daß dies Liebes-Stück
bald endet in lebenslangem Glück.

* * * * *

Gottes Segen soll zu jeder Zeit
dem schenken Frieden und Geborgenheit,
was sich in treuer Liebe findet
und durch Verlobung fester bindet.

* * * * *

Die Liebe ist das einzige Geschenk,
das um so größer wird, je mehr
man davon verschenkt.

Die Lieb' wie's Wetter,
bald stürmisch, bald still;
a Narr, der durchs Bitten
was ausrichten will.

Und d'Lieb' ist a Haus,
da geht d'Freud' ein und aus,
und i woß nit, was s' treibt,
daß s' nit allweil drin bleibt.

* * * * *

Du hast nichts verdient,
und du hast nicht Geburtstag,
du hast auch schon alles, was man sich denkt;
und doch hab' ich noch eine kleine Überraschung –
du bekommst heut von mir meine Träume geschenkt.

* * * * *

Daß Ihr Euch heut verloben werdt,
das hat uns alle sehr gefreut!
Wir wünschen, daß Euch auf unserer Erd
dieser Entschluß niemals mehr reut
und Eure Liebe sei so fest und tief,
daß sie übersteht jedes Stimmungs-Tief.

* * * * *

Wenn der Wind den Stamm bewegt,
Bebt das Blatt am Baume.
Wenn dein Herz nur Liebe trägt,
Halte sie im Zaume!

Wenn zwei Töne sind symphonisch,
Klingt's zusammen hell und rein:
Zwei Naturen, die harmonisch,
Wirken aufeinander ein.

Chinesische Weisheit

* * * * *

Was die Liebe nicht bindet,
das ist schlecht gebunden,
und was die Treue nicht schirmt,
das beschirmt kein Eid.

Ernst Moritz Arndt

* * * * *

Wenn eines Menschen Seele Du gewonnen
und in sein Herz hast tief hineingeschaut
und ihn befunden eines klaren Bronnen,
in dessen Flut der reine Himmel blau:
Laß Deine Zuversicht durch nichts Dir rauben,
und trage lieber der Enttäuschung Schmerz,
als daß Du grundlos ihm entziehst den Glauben! –
Kein größer Glück als ein vertrauend' Herz.

Felix Dahn

* * * * *

Auf die Hände küßt die Achtung,
Freundschaft auf die offne Stirn,
auf die Wange Wohlgefallen,
sel'ge Liebe auf den Mund.
Aufs geschloßne Aug' die Sehnsucht,
in die hohle Hand Verlangen,
Arm und Nacken die Begierde,
überall sonst hin Raserei!

Franz Grillparzer

Selig durch die Liebe
Götter – durch die Liebe
Menschen Göttern gleich!
Liebe macht den Himmel
Himmlischer – die Erde
Zu dem Himmelreich.

Friedrich von Schiller

* * * * *

Gott ist nahe,
wo die Menschen einander Liebe zeigen.

Heinrich Pestalozzi

* * * * *

Sag an, wo wächst der Same
Des Krauts „Vergeßlichkeit“?
Er wächst in jenen Herzen,
Wo Liebe nicht gedeiht.

Japanische Weisheit

* * * * *

Freudvoll
und leidvoll,
gedankenvoll sein;
hangen
und bangen
in schwebender Pein;
himmelhochjauchzend,
zu Tode betrübt:
Glücklich allein
ist die Seele, die liebt.

Johann Wolfgang von Goethe

Schläft ein Lied in allen Dingen,
die da träumen fort und fort,
und die Welt hebt an zu singen,
triffst Du nur das Zauberwort.

Joseph von Eichendorff

* * * * *

Stets die Liebe siegt im Kampfe,
Ist fest in der Verteidigung.
Wen der Himmel retten will,
Den schützt er durch Liebe.

Laotse

* * * * *

Wonach das Herz verlangt,
gesteht der Mund nicht ein,
jedoch der Liebende errät's auch aus dem Nein.

Molière

* * * * *

Magst Du zweifeln, daß die Sterne glühen,
magst Du zweifeln, daß die Sonne sich bewegt,
magst die Wahrheit Du für Lüge halten,
zweifle aber niemals an der Liebe!

Shakespeare

* * * * *

Gott hat das Weib nicht aus des Mannes Kopf geschaffen,
daß sie ihm befehle, noch aus seinen Füßen,
daß sie seine Sklavin sei, sondern aus der Seite,
daß sie seinem Herzen nahe sei.

Talmud

Das Glück, kein Reiter wird's erjagen,
es ist nicht dort und ist nicht hier.
Lern' überwinden, lern' entsagen,
und ungeahnt erblüht es Dir.

Theodor Fontane

* * * * *

Wer je gelebt in Liebesarmen,
der kann im Leben nie verarmen.

Theodor Storm

* * * * *

Ratsam ist und bleibt es immer
Für ein junges Frauenzimmer,
Einen Mann sich zu erwählen
Und womöglich zu vermählen.
Erstens: will es so der Brauch.
Zweitens: will man's selber auch.
Drittens: man bedarf der Leitung
Und der männlichen Begleitung;
Weil bekanntlich manche Sachen,
Welche große Freude machen,
Mädchen nicht allein verstehn;
Als da ist: ins Wirtshaus gehn.

Wilhelm Busch

* * * *

Du hattest kein Glück und ich hatte keins;
wir nahmen einander, nun haben wir eins.
Wo haben wir es denn hergenommen?
Es ist vom Himmel auf uns gekommen.

Friedrich Rückert

Wahres Lieben, süßes Leben,
wo zwei Herzen eins nur sind,
wie zwei Turteltäublein schweben,
die ein treues Band verbind',
wo die Lieb den Chor anstimmet,
und die Treue gibt den Takt,
in dem Blut die Freude schwimmet,
und der Puls auf Lauten schlagt.

Aus „Des Knaben Wunderhorn"

* * * * *

Wie geht's nur an,
Daß man so lieb es haben kann,
Was liegt darin? Erzähle!
Es liegt darin ein wenig Klang,
Ein wenig Wohllaut und Gesang,
Und eine ganze Seele.

Marie von Ebner-Eschenbach

Hochzeit und Hochzeitsjubiläum

Zu Hochzeit und Hochzeitsjubiläum ist bei uns traditionell auch Platz für Späße, die – gutes Kennen beider Partner vorausgesetzt – durchaus von der etwas derberen Art sein dürfen. Verletzend aber sollen sie trotzdem nicht sein und bestimmte Tabuthemen, z.B. ungewollte Kinderlosigkeit, Ehekrisen etc. sollten beim Glückwunsch keine Rolle spielen. Ansonsten aber gilt: „Erlaubt ist, was gefällt" – im Rahmen des guten Geschmacks.

Was auch immer kommen mag:
Schön wird jeder Ehe-Tag,
wenn mit liebendem Vertrauen
beide aufeinander schauen!

Ich wünsche Euch zum Hochzeitstage
ein langes Leben ohne Plage.
Der liebe Gott schenke Euch Glück,
und lenke gnädig Euer Geschick.

*****

Bewahret einander vor Herzeleid.
Kurz ist die Zeit, die Ihr beisammen seid!
Und wenn auch Jahre Euch vereinen,
einst werden sie Euch wie Minuten erscheinen.

*****

Der Hochzeitstag, ich mach' es kurz,
Gleicht einem frischgewagten Sturz
Ins Lebensabenteuer.
Ich wünsch', daß Eurer Liebe Kraft
Mit Leichtigkeit das Wagnis schafft
Und jugendlichem Feuer!

*****

Gemeinsam alles tragen:
die Freude und den Schmerz.
Gemeinsam alles wagen:
das bindet Herz an Herz.
So sollt Ihr vorwärts schauen,
und so schaut Ihr zurück:
Aus liebendem Vertrauen
erwächst beständ'ges Glück!

Die Erde braucht Regen,
die Sonne braucht Licht,
der Himmel braucht Sterne,
wenn die Nacht hereinbricht;
ein' Ast braucht der Vogel,
um sein Nest drauf zu baun:
der Mensch braucht ein Herz,
dem er seins kann vertraun.

Und hat er eins gefunden,
so kann er sich freun;
denn es kann ja ohne Liebe
kein Mensch glücklich sein.
Er fragt nicht nach Gelde,
wird nach Reichtum nicht schaun,
wenn er hat nur ein Herz,
dem er seins kann vertraun.

*****

Ich wünsche Euch so viel Trennendes,
daß es Euch nie langweilig wird,
und doch so viel Gemeinsames,
daß das Trennende nie übermächtig scheint;
ich wünsche Euch so viel Fremdes,
daß Ihr Euch ständig neugierig aufeinander freut,
und doch so viel Gemeinsames
daß Ihr Euch nie fremd werdet;
Ihr sollt so viele unterschiedliche Gedanken haben,
daß Ihr immer etwas zum Reden habt,
und doch so viel gemeinsame Überzeugungen,
daß daraus kein Streit entsteht oder
– viel schlimmer noch – Schweigen.

Ihr sollt stets 1 sein.
Ihr sollt Euch nie ent-2-en.
Ihr sollt Euch stets 3 bleiben
und Euch immer gut 4en.
Ihr sollt auch mal 5 gerade sein lassen
und Eure 6er zusammenhalten.
Ihr sollt Eure 7 Sachen
in 8 nehmen.
Ihr sollt nicht immer 9 sagen
und Euch nie die 10e zeigen.

* * * * *

Lieb' mög' Euch regieren,
Treue Euch führen,
Glück um Euch walten,
Gesundheit Euch halten.

* * * * *

Wenn wie Ihr, zwei sich haben wirklich gern,
dann steht auch ihre Ehe unter einem guten Stern.
Wir wünschen Euch jedenfalls nur Sonne
und nach jedem Wölkchen wieder Wonne!

* * * * *

Platon sagt, der glücklichste Staat ist der, in dem
man die Worte Dein und Mein am seltensten hört,
denn da brauchen die Bürger am ehesten alles,
was Achtung verdient, gemeinsam. Aus dem Stand der Ehe
müssen diese Worte noch weiter weg verbannt werden.
Plutarch

Ein Augenblick der Geduld
kann vor großem Unheil bewahren,
ein Augenblick der Ungeduld
ein ganzes Leben zerstören.
Chinesische Weisheit

* * * * *

Ein Eh'stand ist alsdann beglückt,
wenn eins sich in das andre schickt,
wenn eins das andre liebt und scheut,
er nicht befiehlt, sie nicht gebeut,
und beide so behutsam sein,
als wollten's erst einander frein.
Christian Fürchtegott Gellert

* * * * *

Nichts ist zu schwer
für den, der liebt.
Cicero

* * * * *

Das Glück wohnt nicht im Besitze
und nicht im Golde;
das Glücksgefühl
ist in der Seele zu Hause.
Demokrit

* * * * *

Wer seinen Hund liebt,
muß auch seine Flöhe lieben.
Bantuweisheit

Hier, unterm Blick prophetischer Sterne,
weih' ich dies Hochzeitsfest voraus:
Tief schaut die Muse in die Ferne
des bläulichen Geschicks hinaus.
Wie golden wirkt die neue Schwelle
des Lebens jedem jungen Paar!
Doch weiß man, daß nicht stets so helle
der Mittag wie der Morgen war.
Heut aber seh' ich schöne Tage
blühn in gedrängter Sternensaat,
entschieden liegt schon auf der Waage,
was dies Paar vom Schicksal bat.
Hast, Liebchen, du der Jugend Blüte,
Anmut und Liebenswürdigkeit,
all deines Herzens lautre Güte
kühn deinem Einzigen geweiht;
läßt du der Heimat Friedensauen,
so manche ein lang gewohntes Glück,
um dir den eigenen Herd zu bauen,
halb wehmutsvoll, halb froh zurück:
Getrost! So darf ich laut es zeugen,
ein würdig Herz hast du gewählt;
selbst böser Neid bekennt mit Schweigen,
daß nichts zu deinem Glücke fehlt.
Denn Heiterkeit und holde Sitte,
wie Sommerluft, durchwehn dein Haus,
und, goldbeschuht, mit leisem Tritte
gehn Segensengel ein und aus.

Eduard Mörike

* * * * *

Sein Herz zu verlieren ist die beste Art,
zu entdecken, daß man eines hat.

Fliegende Blätter

(Timo)

Weißt Du, wo es keinen Herren
und keinen Diener gibt?
Wo eins dem andern dient,
wo eins den andern liebt.

Friedrich Rückert

* * * * *

O zarte Sehnsucht, süßes Hoffen,
Der ersten Liebe goldne Zeit!
Das Auge sieht den Himmel offen,
Es schwelgt das Herz in Seligkeit.
O daß sie ewig grünen bliebe
Die schöne Zeit der jungen Liebe!

Friedrich von Schiller

* * * * *

O glücklich, wer ein Herz gefunden,
das nur in Liebe denkt und sinnt
und, mit der Liebe treu verbunden,
sein schönres Leben erst beginnt.

Wo liebend sich zwei Herzen einen,
nur eins zu sein in Freud und Leid,
da muß des Himmels Sonne scheinen
und heiter lächeln jede Zeit!

Hoffmann von Fallersleben

* * * * *

In der Ehe muß man einen unaufhörlichen Kampf gegen ein Ungeheuer führen, das alles verschlingt: die Gewohnheit.

Honoré de Balzac

Genieße die Gegenwart mit frohem Sinn,
sorglos, was Dir die Zukunft bringen werde;
doch nimm auch bittren Kelch mit Lächeln hin –
vollkommen ist kein Glück auf dieser Erde.

Horaz

* * * * *

Woher sind wir geboren?
Aus Lieb.
Wie wären wir verloren?
Ohne Lieb.
Was hilft uns überwinden?
Die Lieb.
Kann man auch Liebe finden?
Durch Lieb.
Was soll uns stets vereinen?
Die Lieb.

Johann Wolfgang von Goethe

* * * * *

Ein angenehmes und heiteres Leben
kommt nicht von äußeren Dingen.
Der Mensch bringt aus seinem Innern,
wie aus einer Quelle,
Lust und Freude in sein Leben.

Plutarch

* * * * *

Zeiten gibt es, da des Glücks zuviel,
und Zeiten, da es zuwenig.
Tage gibt es, da Du Bettler bist,
und Stunden, in denen Du König.

Cäsar Flaischlen

Der Mensch hat nichts so eigen,
so wohl steht ihm nichts an,
als daß er Treu erzeigen
und Freundschaft halten kann;
wenn er mit seinesgleichen
soll treten in ein Band,
verspricht sich, nicht zu weichen,
mit Herzen, Mund und Hand.
Was kann die Freude machen,
die Einsamkeit verhehlt?
Das gibt ein doppelt Lachen,
was Freunden wir erzählt.
Der kann sein Lied vergessen,
der es von Herzen sagt;
der muß sich selbst auffressen,
der insgeheim sich nagt.

Simon Dach

* * * * *

Wer je gelebt in Liebesarmen,
der kann im Leben nie verarmen;
und müßt' er sterben fern, allein,
er fühlte noch die sel'ge Stunde,
wo er gelebt an ihrem Munde,
und noch im Tode ist sie sein.

Theodor Storm

* * * * *

Die Liebe ist das Wohlgefallen am Guten; das Gute ist der einzige Grund der Liebe. Lieben heißt: jemandem Gutes tun wollen.

Thomas von Aquin

Wenn ich ein Vöglein wär'
und auch zwei Flügel hätt',
flög' ich zu dir;
weil's aber nicht kann sein,
bleib' ich allhier.
Bin ich gleich weit von dir,
bin ich doch im Schlaf bei dir
und red' mit dir.
Wenn ich erwachen tu,
bin ich allein.
Es vergeht keine Stund' in der Nacht,
da nicht mein Herz erwacht
und an dich denkt,
daß du mir vieltausendmal
dein Herz geschenkt.

Volksgut

* * * * *

O wie lieblich, o wie schicklich
sozusagen herzerquicklich
ist es doch für eine Gegend,
wenn zwei Leute, die vermögend,
außerdem mit sich zufrieden,
aber von Geschlecht verschieden,
wenn nun diese, sag' ich, ihre
dazu nötigen Papiere
sowie die Haushaltssachen
endlich mal in Ordnung machen
und in Ehren und beizeiten
hin zum Standesamte schreiten,
wie es denen, welche lieben,
vom Gesetze vorgeschrieben,
dann ruft jeder freudiglich:
Gott sei Dank! Sie haben sich!

Wilhelm Busch

Die Liebe ist ein Stoff, den die Natur
gewebt und die Phantasie bestickt hat.
Voltaire

* * * * *

Du wirst im Eh'stand viel erfahren,
was dir ein halbes Rätsel war.
Bald wirst du aus Erfahrung wissen,
wie Eva einst hat handeln müssen,
daß sie hernach den Kain gebar.
Doch Schwester, diese Eh'standspflichten
wirst du von Herzen gern verrichten,
denn, glaube mir, sie sind nicht schwer.
Doch jede Sache hat zwei Seiten:
Der Eh'stand bringt zwar viele Freuden,
allein auch Kummer bringet er.
Drum, wenn dein Mann dir finstre Mienen,
die du nicht glaubest zu verdienen,
in seiner üblen Laune macht,
so denke, das ist Männergrille,
und sag: Herr, es gescheh' dein Wille
bei Tag, und meiner in der Nacht.
Wolfgang Amadeus Mozart

* * * * *

Daß der Himmel Euch bewahre
weiterhin vor Not und Sorgen,
so wie gestern, so auch morgen,
übermorgen, immerdar,
wünsche ich dem Jubelpaar.

Höher schlagen unsre Herzen heute
und wir alle sind voller Freude,
zu feiern des Tages Wiederkehr,
da die Eltern sich das Jawort gaben.
Darüber freun uns wir Kinder sehr
und über Eure ungezählten Liebestaten,
durch die, was wir jetzt sind,
in Ruhe reifen durfte jedes Kind.
Wir wünschen Euch von ganzem Herzen
Glück, Gesundheit und einen heitren Sinn,
ein langes Leben und wenig Schmerzen.
Nehmt diese Wünsche von uns hin,
denn wir wissen, was wir an Euch haben.

* * * * *

Nehmt, liebe Eltern, meine Gabe,
die zu Eurem Hochzeitstage
mit Liebe ich gebastelt habe!
Mögt Ihr in unsrer Familienmitten
nur wirklich schöne Tage sehn
und mög' bei allen Euren Schritten
der liebe Gott als Schützer stehn.

* * * * *

Unserem lieben Jubelpaare,
dessen Bund wir jetzt erneuern,
wünsche ich, daß so viele Jahre
wir noch so froh wie heute feiern!
Gott bewahre Euch vor Leiden,
er schenke Glück und Sonnenschein!
Es möge immer mit Euch Beiden
Sein gnadenreicher Segen sein.

Verehrtes Paar, das fünfzig Jahre
die Freude und das Leid geteilt,
das liebreich noch im Silberhaare
gern in dem Kreis der Jugend weilt,
Dir bring' ich, und es teilen alle
des schönen Augenblickes Lust,
mit hochgeschwungenem Pokale
ein Lebehoch aus voller Brust!

* * * * *

Zwar zählt Ihr lang nicht zu den Alten.
Doch sollt Ihr heute Rückschau halten.
Euer Leben war nicht immer leicht,
und dennoch habt Ihr viel erreicht.
Ihr zeigt uns, daß der Liebe Kraft
worauf es ankommt, schließlich schafft.
Drum wird heut alles überschaut,
Seid stolz! Ihr könnt's mit Fug und Recht,
was Ihr erreicht, ist wahrlich nicht schlecht.
Daß Ihr in guter Zweisamkeit
so weitermacht, das wünsch' ich heut.

* * * * *

Das Herz der teuren Gattin,
das Herz des Gatten ganz sein eigen
nennen zu können,
in einem Herzen sich einzig
und ohne Ende geliebt zu wissen,
ist doch das süßeste Glück der Erde.
Adalbert Stifter

Die Liebe, wenn sie neu,
braust wie ein junger Wein:
Je mehr sie alt und klar,
je stiller wird sie sein.

Angelus Silesius

* * * * *

Wer doch den trüben Wahn erfunden,
daß keine Seele glücklich sei!
Ich war's; ich bin's! in reichen Stunden
von aller kleinen Trübsal frei.

Christian Morgenstern

* * * * *

Freundschaft und Liebe erzeugen
das Glück des menschlichen Lebens.
Wie zwei Lippen den Kuß, welcher
die Seelen entrückt.

Friedrich Hebbel

* * * * *

Wenn wir fehlerfrei wären,
würde es uns nicht
so viel Vergnügen bereiten,
Fehler an anderen festzustellen.

Horaz

* * * * *

Wer durch den Besitz des Guten glücklich geworden ist,
der ist wahrhaft glücklich. Man muß keine weiteren Fragen
mehr stellen, warum er glücklich ist.

Platon

So vor fünfundzwanzig Jahren
standet Ihr am Traualtar.
Und der Zukunft Tage waren
Euch und andern noch nicht klar.

Aber heut im Freundeskreise
schaut Ihr zurück auf Eure Reise,
für das Ziel, das nicht mehr Schein,
stehen Kind und Enkel ein.

Der Liebe Melodienschatz,
er wechselt wie im Fluge,
die Ehe bleibt im gleichen Satz,
ihr wird die Zeit zur Fuge.

Franz Grillparzer

* * * * *

Und ging auch alles um und um,
in dir, in mir, ich lieb' dich drum,
ich lieb' dich drum, weil du mir bliebst,
ich lieb' dich drum, weil du vergibst,
ich lieb' dich, – ach warum „Warum"?
Und blieb' auch meine Lippe stumm,
ich lieb' dich drum, weil du mich liebst.

Theodor Fontane

* * * * *

Das Glück des tätigen Lebens liegt im Wirken der Klugheit, durch die der Mensch sich selbst und andere regiert.

Thomas von Aquin

Die Geliebte im Haus ist zu nichts gut,
denn nicht treu ist sie in ihrem Übermut.
Die wahre Geliebte ist die, die dir im Grab
die Tore des Himmels auftut.

Rumi

*****

In der Freundschaft wie in der Liebe
ist man oft glücklicher durch das,
was man nicht weiß, als durch das,
was man weiß.

François La Rochefoucauld

*****

Es sollte nicht erlaubt sein,
im Zustande der Verliebtheit einen Entschluß
über sein Leben zu fassen
und einer heftigen Grille wegen
den Charakter seiner Gesellschaft
ein für allemal festzusetzen:
Man sollte die Schwüre der Liebenden
öffentlich für ungültig erklären
und ihnen die Ehe verweigern: Weil man
die Ehe unsäglicher wichtiger nehmen sollte.

Friedrich Nietzsche

*****

Die Liebe ist die Quelle aller Gewißheit,
aller Wahrheit, aller Realität.

Johann Gottlieb Fichte

Gute Besserung

Kranke Menschen sind in einer absoluten Ausnahmesituation. Die Auswahl eines Glückwunsches bedarf einer großen Sensibilität. Erkundigen Sie sich am besten bei Angehörigen, ob es besser ist, einen aufmunternden oder gar deftigen Spruch zu verwenden oder ob er doch lieber Trost und Hoffnung spenden soll. Gehen Sie dabei nicht zu sehr von sich aus, denn Sie wissen in aller Regel nicht, wie sich der Patient tatsächlich fühlt. Wenn Sie die Situation nicht einschätzen können, dann belassen Sie es im Zweifelsfall am besten bei einem gut gemeinten „Gute Besserung"; das ist zwar sehr neutral und nicht besonders einfallsreich, aber ehrlich gemeint und besser als ein Spruch, der vielleicht doch nur das Grübeln oder die Verzweiflung steigert.

Krankheiten sind Lehrjahre der Lebenskunst
und der Gemütsbildung.

Novalis

* * * * *

Verzag' nicht an der eignen Kraft.
Dein Herz ist reich genug, sich selber zu beleben.

Friedrich von Schiller

* * * * *

Das Gefühl von Gesundheit erwirbt man sich nur durch Krankheit.

Georg Christoph Lichtenberg

* * * * *

In der Not erst magst du zeigen, wer du bist und was du kannst.

Emanuel Geibel

* * * * *

Und blüht der Weizen, so reift er auch,
das ist immer so ein alter Brauch.
Und schlägt der Hagel die Ernte nieder,
übers andre Jahr trägt der Boden wieder.

Johann Wolfgang von Goethe

* * * * *

Es gibt nur eine Gesundheit und eine Menge von Krankheiten.

Wilhelm von Humboldt

* * * * *

Seien Sie vorsichtig mit Gesundheitsbüchern
– Sie könnten an einem Druckfehler sterben.

Mark Twain

Fröhlichkeit und Mäßigkeit sind die zwei besten Ärzte.

Sprichwort

* * * * *

Du mußt das Leben nicht verstehen,
dann wird es werden wie ein Fest,
und laß dir jeden Tag geschehen,
so wie ein Kind im Weitergehen,
von jedem Wehen Blüten schenken läßt ...

Rainer Maria Rilke

* * * * *

Die beste Arznei für den Menschen ist der Mensch.
Der höchste Grund dieser Arznei ist die Liebe.

Philippus Paracelsus

* * * * *

Sei heiter!
Es ist gescheiter
als alles Gegrübel.
Gott hilft weiter;
Zur Himmelsleiter
werden die Übel.

Theodor Fontane

* * * * *

Du liebster Gott, und wenn man auch allen Sonnenschein wegstreicht, so gibt es doch noch den Mond und die hübschen Sterne und die Lampe am Winterabend – es ist so viel schönes Licht in der Welt.

Wilhelm Raabe

Es ist gewiß, daß der Kranke viel zur Aufrechterhaltung
seiner Kräfte und seiner Heilung beitragen kann.

Wilhelm von Humboldt

* * * * *

Reiß deine Gedanken von deinen Problemen fort,
an den Ohren, an den Fersen oder wie immer:
Das ist das Beste, was der Mensch
für seine Gesundheit tun kann.

Mark Twain

* * * * *

Die Menschen erbitten Gesundheit von den Göttern,
vergessen aber, daß sie selbst den größten Einfluß
auf ihre Gesundheit haben.

Demokrit

* * * * *

Und es zeigte sich wieder,
daß Hoffnung und Freude die besten Ärzte sind.

Wilhelm Raabe

* * * * *

Bedenke stets, dir im Unglück
Gleichmut zu bewahren.

Horaz

* * * * *

Wir hoffen immer,
und in allen Dingen ist besser Hoffen als Verzweifeln.

Johann Wolfgang von Goethe

Freude, Mäßigkeit und Ruh'
schließt dem Arzt die Türe zu.

Friedrich von Logau

* * * * *

Ein edles Lebensziel ist so wirksam als Heilmittel wie Arznei.

Ralph Waldo Emerson

* * * * *

Das Geheimnis der Medizin besteht darin,
den Patienten abzulenken,
während die Natur sich selber hilft.

Voltaire

* * * * *

Das sind die Starken,
die unter Tränen lachen,
eigne Sorgen verbergen
und andre fröhlich machen.

Franz Grillparzer

* * * * *

Oft läßt sich das, was sich nicht durch Gewalt besiegen läßt,
ganz einfach durch Geduld besiegen.

Aus Italien

* * * * *

Wenn der Tag nicht hell ist,
sei du heiter!
Sonne und froher Sinn
sind Gottes Streiter.

Friedrich Rückert

Geduld ist aller Schmerzen Arznei.

Publius Syrus

*****

Die beste Wärterin der Natur ist Ruhe.

William Shakespeare

*****

Sei mir getrost,
nach trüben und widerwärtigen Tagen
eilet des sanften Glücks
frohere Stunde herbei.

Properz

*****

Fang jetzt zu leben an
und zähle jeden Tag als ein Leben für sich.

Seneca

*****

Wer auf sein Leid tritt, tritt höher.

Friedrich Hölderlin

*****

Die größte aller Torheiten ist,
seine Gesundheit aufzuopfern,
für wen es auch sei, für Erwerb,
für Beförderung, für Gelehrsamkeit, Ruhm,
geschweige für Wollust
und flüchtige Genüsse.

Arthur Schopenhauer

Die Gesundheit erhalten: Nicht bis zur Sättigung essen, sich vor Anstrengungen nicht scheuen!

Hippokrates

* * * * *

Krankheit läßt den Wert der Gesundheit erkennen.

Heraklit

* * * * *

Gehabte Schmerzen, die hab' ich gern.

Wilhelm Busch

* * * * *

Klage nicht zu sehr über einen kleinen Schmerz!
Das Schicksal könnte ihn durch einen größeren heilen.

Christian Friedrich Hebbel

* * * * *

Der Berg ist überschritten, es wird mir besser gehen.

Friedrich der Große

* * * * *

Die Menschen werden krank,
weil sie aus Torheit alles tun,
um nicht gesund zu bleiben.

Hippokrates

* * * * *

Ein gesunder Geist sei in einem gesunden Körper.

Juvenal

Alles nimmt ein gutes Ende für den, der warten kann.

Leo N. Tolstoi

* * * * *

Nicht krank sein genügt durchaus nicht: wacker,
lustig, froh soll der Mensch sein.

Cornelius Tacitus

* * * * *

Eingebildete Übel gehören zu den unheilbaren.

Marie von Ebner-Eschenbach

* * * * *

Die Krankheiten heben unsere Tugenden und Laster auf.

Chamfort

* * * * *

Ein einziger Grundsatz wird dir Mut geben,
nämlich der Grundsatz,
daß kein Übel ewig währt,
ja nicht einmal sehr lange dauern kann.

Epikur

* * * * *

In dem ew'gen Kommen, Schwinden,
wie der Schmerz liegt auch das Glück,
und auch heitre Bilder finden
ihren Weg zu dir zurück.

Theodor Fontane

Der Himmel hat den Menschen
als Gegengewicht gegen die vielen Mühseligkeiten
des Lebens drei Dinge gegeben:
die Hoffnung, den Schlaf und das Lachen.

Immanuel Kant

* * * * *

Gestern ist der Frosch noch krank,
jetzt hüpft er wieder, Gott sei Dank!
Darüber freuen wir uns sehr.
Und ich – ich freu' mich noch viel mehr!

* * * * *

Nach einer langen, langen Zeit
bist wieder Du genesen.
Vorüber ist nun unser Leid,
daß Du so krank gewesen.
Nun sehen wir nicht mehr zurück
auf jene bösen Stunden.
Wir wissen alle voller Glück,
Du wirst bald ganz gesunden.
Jetzt hast Du wieder neuen Mut
zum Schaffen und zum Leben.
Die Welt ist wieder schön und gut,
der Du zurückgegeben.

* * * * *

Sei nur getrost –
nach trüben und widerwärtigen Tagen
eilet des sanften Glücks
frohere Stunde herbei.

Hab' oft im Kreise der Lieben
In duftigem Grase geruht
Und mir ein Liedlein gesungen,
Und alles war hübsch und gut.
Hab' einsam auch mich gehärmet
In bangem düsterem Mut
Und habe wieder gesungen,
Und alles war wieder gut.
Und manches, was ich erfahren,
Verkocht' ich in stiller Wut,
Und kann ich wieder singen,
War alles auch wieder gut.
Sollst nicht uns lange klagen,
Was alles dir wehe tut,
Nur frisch, nur frisch gesungen!
Und alles wird wieder gut.

Adelbert von Chamisso

* * * * *

Tapfer ist, wer im Leiden gleich welcher Art immer getrosten Mutes bleibt. Mit Recht nennt man wahrhaftig das Tapferkeit, daß einer sich selbst besiegt, den Zorn bezwingt, durch keine Lockungen sich umstimmen und beugen läßt, im Unglück die Fassung nicht verliert, im Glück nicht übermütig wird und im Wandel der vielfach wechselnden Dinge nicht wie eine Windfahne hin und her schwankt.

Ambrosius von Mailand

Ich glaube, daß Krankheiten Schlüssel sind,
die uns gewisse Tore öffnen können.
Denn ich glaube, es gibt gewisse Tore,
die die nur Krankheit öffnen kann.

André Gide

* * * * *

Wie bin ich krank!
Gebt mir nur einen Trank,
Nur keine Pulver
Und keine Pillen,
Die können meinen Schmerz nicht stillen:
Wie bin ich krank!
Wie bin ich matt!
Kaum eß ich mich nur satt;
Des Fiebers Wüten
Durchwühlt den Körper,
Schwächt alle Glieder:
Wie bin ich matt!
Ich sterbe ja,
Drum gute Nacht;
Mein Testament ist gemacht,
Sag meiner Phyllis,
Sag mein Verlangen,
Dort seh' ich sie, sie kommt gegangen;
Küß mir den Mund:
Ich bin gesund.

Aus „Des Knaben Wunderhorn"

* * * * *

Die gefährlichsten Kranken sind die,
die nicht wissen, daß sie krank sind.

Christoph Martin Wieland

Ein schöner, gerechter und
vornehmer Ausgleich der Dinge
besteht darin, daß, wie Krankheit und
Kummer übertragbar sind, nichts in
der Welt so sehr ansteckend wirkt wie
Gelächter und gute Laune.

Charles Dickens

* * * * *

Daß die Vögel der Sorge und des Kummers
über Deinem Haupte fliegen,
kannst Du nicht ändern.
Aber daß sie Nester
in Deinem Haar bauen,
das kannst Du verhindern.

Chinesische Weisheit

* * * * *

Ist nicht ein ungestörtes Glück
Weit schwerer oft zu tragen
Als selbst das widrigste Geschick,
Bei dessen Last wir klagen?

Christian Fürchtegott Gellert

* * * * *

Schweres Leid, das wir empfunden,
wird vom Glück nicht überwunden,
die Erinnerung bleibt zurück;
aber jahrelanges Glück
ist in wen'gen Leidensstunden
wie ein flücht'ger Traum entschwunden.

Friedrich Martin von Bodenstedt

Der Gesunde hat viele Wünsche,
der Kranke nur einen.

Indisches Sprichwort

* * * * *

Reich ist man nicht durch das,
was man besitzt,
sondern mehr noch durch das,
was man mit Würde zu entbehren weiß.

Epikur

* * * * *

Grausam unter stillen Sternen
würgt das Leben dich kaputt.
Heulst du? Laß dich nicht entkernen:
Lachen ist dein Menschengut!

François Rabelais

* * * * *

Das sind die Starken,
die unter Tränen lachen,
eigne Sorgen verbergen
und andre fröhlich machen.

Franz Grillparzer

* * * * *

Ob man traurig oder heiter gestimmt ist,
die Dinge gehen ihren Gang.
Und ein Ereignis mag gut oder schlecht sein,
man muß es hinnehmen und seinen Ärger
herunterschlucken,
wenn einem das Glück zuwider ist.

Friedrich der Große

Der Mensch ist dem Menschen Medizin.
Afrikanische Weisheit

*****

Glaube und Liebe und Hoffnung
sollen nie aus meinem Herzen weichen,
dann gehe ich, wohin es soll und
werde gewiß am Ende sagen:
Ich habe gelebt!
Und wenn es kein Stolz und keine
Täuschung ist, so darf ich wohl sagen,
daß ich in jenen Stunden nach
und nach, durch die Prüfung
meines Lebens, fester und
sicherer geworden bin.
Friedrich Hölderlin

*****

Ich habe in guten Stunden
des Lebens Glück empfunden
und Freuden ohne Zahl:
So will ich denn gelassen
mich auch in Leiden fassen;
welch' Leben hat nicht seine Qual?
Christoph Martin Wieland

*****

Hoffnung ist ein fester Stab
und Geduld ein Reisekleid,
da man mit durch Welt und Grab
wandert in die Ewigkeit.
Friedrich von Logau

Wohl dem, der gelernt hat, zu
ertragen, was er nicht ändern kann,
und preiszugeben mit Würde, was er
nicht retten kann.

Friedrich von Schiller

* * * * *

Eine Freude
vertreibt hundert Sorgen!

Japanische Weisheit

* * * * *

Das Leben ist eine Tragödie für die,
die fühlen, und eine Komödie für die,
die denken.

Jean de la Bruyère

* * * * *

Die Sonne blickt mit hellem Schein
So freundlich in die Welt hinein.
Mach's ebenso, sei heiter und froh!

Johann Gottfried Herder

* * * * *

Nach den Tränen stellt im Leben
sich oft auch das Lachen ein;
Tränen haben auch die Reben,
aber trotz der Tränen geben
sie den lust'gen, goldnen Wein.

Justinus Kerner

Wer nie krank war,
weiß kaum für seine Gesundheit Dank.

Johann Gottfried Herder

* * * * *

Wenn man das Dasein als eine Aufgabe betrachtet,
dann vermag man es immer zu ertragen.

Marie von Ebner-Eschenbach

* * * * *

Und all das Geld und all das Gut
gewährt zwar schöne Sachen,
Gesundheit, Schlaf und guten Mut
kann's aber doch nicht machen.

Matthias Claudius

* * * * *

Die meisten Menschen sterben an ihren Arzneien
und nicht an ihren Krankheiten.

Molière

* * * * *

Wer streng auf seine Gesundheit achtet,
dem steht der Tod schon vor der Tür.

Französisches Sprichwort

* * * * *

Gegen Schmerzen der Seele
gibt es nur zwei Arzneimittel:
Hoffnung und Geduld.

Pythagoras

Harre, hoffe. Nicht vergebens
zählest du der Stunden Schlag:
Wechsel ist das Los des Lebens,
und – es kommt ein andrer Tag.

Theodor Fontane

* * * * *

Vom Unglück zieh' erst ab die Schuld;
was übrig ist, trag' in Geduld.

Theodor Storm

* * * * *

Also hat es Dir gefallen
hier in dieser schönen Welt,
so daß das Vondannenwallen
Dir nicht sonderlich gefällt.
Laß Dich das doch nicht verdrießen.
Wenn Du wirklich willst und meinst,
wirst Du wieder aufersprießen;
nur nicht ganz genau wie einst.
Aber Alter, das bedenke,
daß es hier doch manches gibt,
zum Exempel Gicht und Ränke,
was im ganzen ungeliebt.

Wilhelm Busch

* * * * *

Jeder Schmerz ist leicht zu verachten.
Denn der eine bringt zwar eine einschneidende
Qual, aber er dauert nicht lang, der andere
dauert zwar im Fleisch, aber seine Pein ist stumpf.

Epikur

Die Kunst, bei unmäßigem Leben gesund
zu bleiben, existiert ebensowenig wie
der Stein der Weisen, die weissagende
Astrologie oder die Theologie der Magier.

Voltaire

* * * * *

Gesundheit erbitten sich die Menschen
von den Göttern; die meisten tun jedoch
genau das Gegenteil von dem, was gesund ist.

Diogenes von Sinope

* * * * *

Nichts, Lucilius, o bester der Männer,
stellt in gleicher Weise einen Kranken wieder her
und hilft ihm, wie die Zuneigung der Freunde,
nichts läßt Todeserwartung und -furcht
in gleicher Weise verschwinden.

Seneca

Neuer Lebensabschnitt

In diesem Kapitel sind Gedichte und Sinnsprüche gesammelt, die Sie für viele verschiedene Gelegenheiten verwenden können. Bedenken Sie bei der Auswahl vor allem immer, an wen sich der Text richten soll und für welche Gelegenheit er gedacht ist.

Das ganze Leben ist ein ewiges Wiederanfangen.

Hugo von Hofmannsthal

* * * * *

Auf einmal seh' ich Rat und schreibe getrost: Im Anfang war die Tat.

Johann Wolfgang von Goethe

* * * * *

Fang' deine Arbeit munter an, so ist sie auch schon halb getan.

Friedrich Rückert

* * * * *

Es ist nicht gesagt, daß es besser wird, wenn es anders wird. Wenn es aber besser werden soll, muß es anders werden.

Georg Christoph Lichtenberg

* * * * *

Die Zukunft hat viele Namen.
Für die Schwachen ist sie das Unerreichbare.
Für die Furchtsamen ist sie das Unbekannte.
Für die Tapferen ist sie die Chance.

Victor Hugo

* * * * *

Leben muß strömen. Wasser, das nicht fließt,
bedeckt sich mit Schaum und fault.

Alphonse de Lamartine

* * * * *

Der Wechsel allein ist das Beständige.

Arthur Schopenhauer

Was heute nicht geschieht, ist morgen nicht getan,
und keinen Tag soll man verpassen,
das Mögliche soll der Entschluß
beherzt sogleich beim Schopfe fassen.
Er will es dann nicht fahren lassen
und wirkt weiter, weil er muß.

Johann Wolfgang von Goethe

* * * * *

Nur in der Bewegung, so schmerzlich sie sei, ist Leben.

Jacob Burckhardt

* * * * *

Es gibt nichts Dauerhaftes außer der Veränderung.

Heraklit

* * * * *

Ein Wechsel kann mühsam, aber nützlich sein.

Thomas Carlyle

* * * * *

Variatio delectat – Abwechslung erfreut.

Sprichwort

* * * * *

Das Alte stürzt, es ändert sich die Zeit,
und neues Leben blüht aus den Ruinen.

Friedrich von Schiller

Der Anfang ist die Hälfte des Ganzen.

Aristoteles

* * * * *

Veränderung nur ist das Salz des Vergnügens.

Immanuel Kant

* * * * *

Nur der Wechsel ist wohltätig.
Unaufhörliches Tageslicht ermüdet.

Wilhelm von Humboldt

* * * * *

Schaubühne ist die ganze Welt,
Schauspieler alle Männer drin und Frauen,
sie haben ihren Tritt und ihren Abgang;
ein Mensch spielt viele Lebensrollen durch.

William Shakespeare

* * * * *

Siehe, kein Mensch ist so eitel
und unbeständig wie der Mensch.

Homer

* * * * *

Wandel und Wechsel liebt, wer lebt.

Richard Wagner

* * * * *

Der Zufall ist die in Schleier gehüllte Notwendigkeit.

Marie von Ebner-Eschenbach

Macht euch daher nicht Sorge für den morgigen Tag;
denn der morgige Tag wird für sich selber sorgen.
Jedem Tag genügt sein Plage.

Matthäus

* * * * *

Werde, was du noch nicht bist,
bleibe, was du jetzt schon bist,
in diesem Bleiben und in diesem Werden
liegt alles Schöne hier auf Erden.

Franz Grillparzer

* * * * *

Eins, zwei, drei! Im Sauseschritt!
Läuft die Zeit, wir laufen mit.

Wilhelm Busch

* * * * *

Leben kann man nur vorwärts,
das Leben verstehen nur rückwärts.

Sören Kierkegaard

* * * * *

Das Leben wagt der Mut, nicht das Gewissen.

Friedrich von Schiller

* * * * *

Auch die längste Reise beginnt mit einem kleinen Schritt.

Chinesisches Sprichwort

Daß Du jetzt zur Schule mußt,
braucht Dich nicht zu kränken.
Gehe hin mit Mut und Lust,
sollst immer daran denken:
es ist nicht bloß Unterricht,
manchmal ist auch Pause.
Und Ferien gibt es ziemlich viel,
dann bist Du zu Hause
und hast reichlich Zeit fürs Spiel.

*****

Deine Arbeit soll nie
ins Leere gehen.
Dafür wünsche ich Dir
die Kraft der Hände
und des Herzens. Und
ich wünsche Dir,
daß hinter Deinem Pflug
Frucht wächst,
Brot für Leib und Seele,
und daß zwischen
den Halmen
die Blumen nicht fehlen.

*****

Vor den Erfolg, einstmals wie heute,
setzten die Götter stets den Schweiß.
Da macht die eigene Leistung Freude,
ein Narr ist jeder, der's nicht weiß.
Mach' wohlgemut Dich drum ans Werk
und laß den Kopf nicht sinken.
Dann kommst geschwind Du übern Berg.
Prost, darauf wolln wir trinken!

Die Kinderzeit ist abgetan,
nun fängt ein neuer Abschnitt an.
Mit Gottvertraun steig weiter
empor auf Deiner Lebensleiter!

* * * * *

Du sollst Dich nie nach andren Leuten richten,
geh nur fest und treu auf Deinem Pfad!
Keinem Helfer sollst Du Dich verpflichten
folg Deinem Willen, nur Deinem Rat!

* * * * *

Ich wünsche Dir,
daß Du dem Himmel nahe bist
und dabei trotzdem mit der Erde
sicher verbunden.
Deine Wurzeln sollen Wasser finden
und Deine Zweige im Licht wachsen.

* * * * *

Respektiere dich selbst, wenn du
willst, daß andere dich respektieren
sollen! Tue nichts im Verborgenen,
dessen du dich schämen müßtest,
wenn es ein Fremder sähe! Handle,
weniger anderen zu gefallen, als um
deine eigene Achtung nicht zu
verscherzen, gut und anständig!
Selbst in deinem Äußeren, in deiner Kleidung
sieh dir nichts nach, wenn du allein bist.
Gehe nicht mit groben Manieren ein-
her, wenn dich niemand beobachtet.

Adolf von Knigge

Was ist mehr denn Schmuck und Kleid?
„Ein gesunder Leib, so's in Freuden treit."
Was ist mehr denn Gold so wert?
„Ein frei Gemüt, so des nit entbehrt."
Was ist mehr denn Kron und Grund?
„Ein klug Gemüt, so es brauchen kunnt."
Was ist mehr denn glückselig sein?
„Ein fein Gemüt, so des wert allein."

Annette von Droste-Hülshoff

* * * * *

Angenehm ist am Gegenwärtigen die Tätigkeit,
am Künftigen die Hoffnung und am Vergangenen die Erinnerung.
Am angenehmsten und im gleichen Maße liebenswert
ist das Tätigsein.

Aristoteles

* * * * *

Für das praktische Leben ist das Genie
so brauchbar wie ein Sternteleskop im Theater.

Arthur Schopenhauer

* * * * *

Ob jemand tausend in der Schlacht,
und abertausend auch besiegt –
wer ganz allein sich selbst besiegt,
der ist der beste Sieger doch.

Buddhistische Weisheit

* * * * *

Fang' Deine Arbeit munter an,
so ist sie auch schon halb getan.

Friedrich Rückert

Es gibt wenig ganz außerordentliche Menschen,
aber ein jeder hat einen Zeitpunkt des Lebens,
wo er sich selbst übertrifft,
und von diesem muß man Gebrauch machen.

Carl von Clausewitz

* * * * *

Die Liebe allein versteht das
Geheimnis, andere zu beschenken und
dabei selbst reich zu werden.

Clemens von Brentano

* * * * *

Vor Menschen ein Adler, vor Gott ein Wurm:
so stehst du fest im Lebenssturm.
Nur wer vor Gott sich fühlet klein,
kann vor den Menschen mächtig sein.

Ernst Moritz Arndt

* * * * *

Es gehört mehr Mut dazu,
seine Meinung zu ändern,
als ihr treu zu bleiben.

Friedrich Hebbel

* * * * *

Die Erziehung hat den Zweck, den
Menschen zu einem selbständigen
Wesen zu machen, d.h. zu einem
Wesen von freiem Willen.

Georg Wilhelm Friedrich Hegel

Das ist so schön bei uns Deutschen: Keiner ist so verrückt,
daß er nicht einen noch Verrückteren findet, der ihn versteht.
Heinrich Heine

* * * * *

Tätigkeit verlangt Opfer, ein Opfer verlangt Liebe, und so muß sich
die Tätigkeit auf wahre innige Menschenliebe gründen.
Heinrich von Kleist

* * * * *

Arbeit und Fleiß, das sind die Flügel,
die führen über Strom und Hügel.
Johann Fischart

* * * * *

Ein Traum, ein Traum ist unser Leben
auf Erden hier.
Wie Schatten auf den Wogen schweben
und schwinden wir.
Und messen unsere trägen Tritte
nach Raum und Zeit;
und sind (und wissen's nicht) in Mitte
der Ewigkeit.
Johann Gottfried Herder

* * * * *

Frisch gewagt ist halb gewonnen,
halb schon ist das Werk vollbracht.
Johann Wolfgang von Goethe

Herz, in deinen sonnenhellen
Tagen halt nicht karg zurück!
Allwärts fröhliche Gesellen
trifft der Frohe und sein Glück.

Sinkt der Stern; alleine wandern
magst du bis ans End' der Welt –
bau du nur auf keinen andern
als auf Gott, der Treue hält.

Joseph von Eichendorff

* * * * *

Beobachte das Schwimmen der Fische im Wasser, und du wirst den Flug der Vögel in der Luft begreifen.

Leonardo da Vinci

* * * * *

Was zagst du, Herz, in solchen Tagen,
wo selbst die Dornen Rosen tragen?

Ludwig Uhland

* * * * *

Tue Deine Pflicht,
bis sie Dir zur Freude wird!

Marie von Ebner-Eschenbach

* * * * *

Man muß auf seine Feinde achten,
denn die bemerken als erstes unsere Fehler.

Diogenes von Sinope

Drei Zigeuner fand ich einmal
liegen an einer Weide,
als mein Fuhrwerk mit müder Qual
schlich durch sandige Heide.

Hielt der eine für sich allein
in den Händen die Fiedel,
spielte, umglüht von Abendschein
sich ein feuriges Liedel.

Hielt der zweite die Pfeif' im Mund,
blickte nach seinem Rauche,
froh als ob er vom Erdenrund
nichts zum Glücke mehr brauchte.

Und der dritte behaglich schlief,
und sein Zimbal am Baum hing,
über die Saiten der Windhauch lief,
über sein Herz ein Traum ging.

An den Kleidern trugen die drei
Löcher und bunte Flicken,
aber sie boten trotzig frei
Spott den Erdengeschicken.

Dreifach haben sie mir gezeigt,
wenn das Leben uns nachtet,
wie man's verraucht, verschläft, vergeigt
und es dreimal verachtet.

Nach den Zigeunern lang noch schaun
mußt' ich im Weiterfahren,
nach den Gesichtern dunkelbraun,
den schwarzlockigen Haaren.

Nikolaus Lenau

Keiner ist Meister geworden,
dem nicht auch mal ein Werk mißlang.
Russisches Sprichwort

* * * * *

Die Leute sollten nicht immer soviel nachdenken,
was sie wohl tun sollten, sie sollten lieber bedenken,
was sie sein sollten.
Bist du gerecht, so sind auch deine Werke gerecht.
Die Werke heiligen uns nicht,
sondern wir müssen die Werke heiligen.
Meister Eckart

* * * * *

Laß Dich gut beraten, bevor Du beginnst;
doch wenn Du Dich entschieden hast, handle sofort!
Sallust

* * * * *

Bedenke, daß die menschlichen Verhältnisse
insgesamt unbeständig sind.
Dann wirst Du im Glück nicht zu fröhlich
und im Unglück nicht zu traurig sein.
Sokrates

* * * * *

Drei Dinge machen den Meister:
Wissen, Können und Wollen.
Sprichwort

Nur in der Arbeit wohnt der Frieden,
und in der Mühe wohnt die Ruh'.

Theodor Fontane

* * * * *

Nur wer an die Zukunft glaubt, glaubt an die Gegenwart.

Weisheit aus Brasilien

* * * * *

Spare deine guten Lehren
für den eigenen Genuß.
Kaum auch wirst du wen bekehren,
zeigst du, wie man's machen muß.

Laß ihn im Galoppe tollen,
reite ruhig deinen Trab.
Ein zu ungestürmes Wollen
wirft von selbst den Reiter ab.

Wilhelm Busch

* * * * *

Der ist nicht weise,
der den Weg
eines anderen geht.

Weisheitsbuch des Phibis

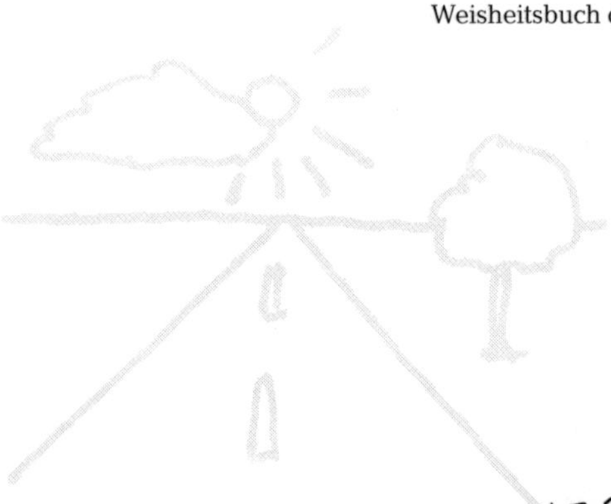

Jubiläen

Ein Jubiläum ist zuerst und vor allem Anlaß zum Gratulieren und nicht zum Kritisieren. Wenn Sie einem Arbeitskollegen oder Vereinskameraden nicht vorbehaltlos zunächst einmal gratulieren können, dann sollten Sie sich überlegen, ob Sie nicht auf eine schriftliche Gratulation verzichten und es bei einem Händedruck oder der Übergabe eines Geschenks belassen.

Suchen Sie in einem solchen Fall lieber die Gelegenheit, einige Tage oder Wochen nach dem Jubiläum, bestehende Differenzen oder Probleme zu besprechen. Dabei können Sie durchaus Bezug auf das gefeierte Ereignis nehmen, weil das die Eröffnung eines ernsten Gespräches erleichtern kann. Anspielungen auf zu viel Strenge oder Nachlässigkeit, auf vermeintliche Ungerechtigkeit oder irgendein anderes vermutetes Fehlverhalten hat in einem Glückwunsch nichts zu suchen – auch nicht, wenn sie in ironischer oder witziger Verpackung daherkommen.

Das bedeutet aber keineswegs, daß Sie aus Ihrem Herzen eine Mördergrube machen sollten. Nur gebietet es der Anstand, dies eben nicht ausgerechnet dann zu tun, wenn das Jubiläum gefeiert wird. Suchen Sie sich gegebenenfalls einen sehr neutralen, nicht wertenden Spruch aus, beispielsweise den folgenden.

* * * * *

Nichts schnelleres gibt's als die Jahre.
Ovid

* * * * *

Was sind schon ... Jahre Zeit –
gemessen an der Ewigkeit?
Ich wünsch' zum Jubiläum heut
dir Frieden und Zufriedenheit!

* * * * *

Nichts halb zu tun ist edler Geist Art.
Christoph Martin Wieland

* * * * *

Ich will dem Schicksal in den Rachen greifen,
ganz niederbeugen soll es mich gewiß nicht. –
O, es ist so schön, das Leben tausendmal leben!
Ludwig van Beethoven

* * * * *

Eine Blume, die sich erschließt, macht keinen Lärm dabei.
Auf leisen Sohlen wandeln die Schönheit,
das wahre Glück und das echte Heldentum.
Unbemerkt kommt alles, was Dauer haben wird.
Christoph Martin Wieland

Rastlos vorwärts mußt du streben,
Nie ermüdet stille stehn,
Willst du die Vollendung sehn;
Mußt ins Breite dich entfalten,
Soll sich dir die Welt gestalten;
In die Tiefe mußt du steigen,
Soll sich dir das Wesen zeigen.
Nur Beharrung führt zum Ziel,
Nur die Fülle führt zur Klarheit,
Und im Abgrund wohnt die Wahrheit.

Friedrich von Schiller

* * * * *

Zwischen dem Alten,
Zwischen dem Neuen,
Hier uns zu freuen
Schenkt uns das Glück,
Und das Vergangne
Heißt mit Vertrauen
Vorwärts zu schauen,
Schauen zurück.

Johann Wolfgang von Goethe

* * * * *

Du bist nicht besser, wenn man dich lobt,
und nicht schlechter, wenn man dich lästert.
Was du bist, das bist du, und alle Worte der Menschen können dich nicht größer reden, als du im Urteil Gottes wirklich bist.

Thomas von Kempen

* * * * *

Die prachtvollsten Blumen blühen oft im Verborgenen.

Chinesischer Spruch

Alles, was wir lernen mußten,
alles, was Sie Kluges wußten,
haben in so vielen Jahren
wir von Ihnen stets erfahren.

Und wir möchten nichts vermissen
von den klugen, hellen Wissen.
Von dem, was in vielen Stunden
wir an Schulweisheit gefunden.

Doch was Sie darüber gaben
und mit Herz verschwendet haben,
das war Liebe, die Sie schenkten,
mit der Sie uns fürsorglich lenkten.

Nichts von unsern kleinen Sorgen
blieb von Ihrem Blick verborgen.
Immer haben Sie verstanden,
wenn wir uns nicht weiterfanden.

Darum wollen wir heut danken
für die Treue ohne Schranken,
für die Liebe, das Verstehen
und das Miteinandergehen.

Daß noch viele lange Jahre
Ihre Kraft sich treu bewahre
in der Arbeit Harmonie –
das ist unser Wunsch für Sie!

Siege und Erfolge

Der Erfolg hat viele Väter und Mütter, und dazu zählen oft genug auch der ein oder andere vorangegangene Mißerfolg, eine Panne oder ein Rückschlag. Wer nach einem errungenen Sieg Grund zum Feiern hat, der verträgt es auch, an all die Dinge erinnert zu werden, die den Erfolg zu irgendeiner Phase in Frage gestellt haben. Ein bißchen Schadenfreude kann in dieser Situation vermutlich auch fast jeder Gewinner über sein eigenes Mißgeschick empfinden.

In die Freude über den Sieg darf sich dabei durchaus auch Nachdenklichkeit mischen, wenn sie wohldosiert ist und nicht zu penetrant daherkommt. Kein Platz dagegen läßt der gute Geschmack, den eigenen Anteil am Erfolg in einer Gratulation darzustellen. Das überläßt man besser dem Feingefühl des Siegers.

Auch wenn hier zum wiederholten Mal betont wird, daß eine Gratulation kein Anlaß zu einer „Abrechnung" oder einer Belehrung sein soll, die wir Deutsche ja so gern erteilen, lassen Sie Ihrem Herzen freien Lauf, denn in Abwandlung eines bekannten Sprichwortes kann man sagen: „Wer den Erfolg hat, braucht für die (nicht böse gemeinte) Spöttelei nicht zu sorgen."

* * * * *

Nicht in die ferne Zeit verliere dich!
Den Augenblick ergreife! Der ist dein.

Friedrich von Schiller

* * * * *

Der fröhlich-heitere Sieger ist der schönste Sieger.

Anastasius Grün

* * * * *

Es hat noch keinen großen Geist ohne
eine Beimischung von Wahnsinn gegeben.

Seneca

* * * * *

Genie ist Bewußtsein der Welt.

Christian Friedrich Hebbel

* * * * *

Das kleinste Kapitel
eigener Erfahrung ist mehr wert als
Millionen fremder Erfahrung.

Gotthold Ephraim Lessing

Finde dich,
sei dir selber treu,
lerne dich verstehen,
folge deiner Stimme,
nur so kannst du das Höchste erreichen.

Bettina von Arnim

* * * * *

Der Erfolg ist das Kind der Keckheit.

Benjamin Disraeli

* * * * *

Es ist gesünder, zu hoffen und das Mögliche zu schaffen,
als zu schwärmen und nichts zu tun.

Gottfried Keller

* * * * *

Ihre Entstehung verdanken die
Meisterwerke dem Genie, ihre Vollendung dem Fleiß.

Joseph Joubert

* * * * *

Es reden und träumen die Menschen viel
von bessern künftigen Tagen.
Nach einem glücklichen goldenen Ziel
sieht man sie rennen und jagen.
Die Welt wird alt und wieder jung,
doch der Mensch erhofft immer Verbesserung.

Friedrich von Schiller

Erfolg ist der Ruhm der kleinen Leute.

Marie von Ebner-Eschenbach

* * * * *

Erfolg ist nicht, was man im Leben für sich selbst erreicht,
sondern was man für andere tut.

Unbekannt

* * * * *

Unzufriedenheit ist der erste Schritt zum Erfolg.

Oscar Wilde

* * * * *

Ein Kranz ist gar viel leichter zu binden,
als ihm ein würdig Haupt zu finden.

Johann Wolfgang von Goethe

* * * * *

Es ist mehr wert, stets die Achtung der Menschen zu haben,
als gelegentlich ihre Bewunderung.

Jean-Jacques Rousseau

* * * * *

Im Beet des Erfolges blüht die Verwegenheit.

Weisheit aus Nepal

* * * * *

Alle gut verfolgten Dinge hatten bisher Erfolg.

Friedrich Nietzsche

Es gibt nur drei Methoden, um leben zu können:
Betteln, stehlen oder etwas leisten.

Honoré Gabriel de Riqueti

* * * * *

Der Erfolg ist eine Folgeerscheinung,
niemals darf er zum Ziel werden.

Gustave Flaubert

* * * * *

Am Mute hängt der Erfolg.

Theodor Fontane

* * * * *

Die Einkünfte geben die Ehren.

Ovid

* * * * *

Wollt ihr reich werden, so lernt nicht allein erwerben,
sondern auch wirtschaften. Schränkt euren törichten Aufwand ein.

Benjamin Franklin

* * * * *

Was ihr nicht tut mit Lust, gedeiht euch nicht.

William Shakespeare

* * * * *

Wenn der Mensch sich etwas vornimmt,
so ist ihm mehr möglich, als man glaubt.

Johann Heinrich Pestalozzi

Handle – und das Geschick selbst beugt sich!

Ralph Waldo Emerson

* * * * *

Wenn du gut sein willst, so nimm zuerst an, daß du schlecht bist.

Epiktet

* * * * *

Damit ein Ereignis Größe hat,
muß zweierlei dazukommen:
der große Sinn derer, die es vollbringen,
und der große Sinn derer, die es erleben.

Friedrich Nietzsche

* * * * *

Der Erfolg gebiert den Erfolg wie das Geld das Geld.

Chamfort

* * * * *

Die größte Niedertracht des Menschen ist
sein Streben nach Ruhm, aber gerade dieses ist auch
das Zeichen, daß er etwas Höheres ist.

Blaise Pascal

* * * * *

Wie groß die Schar der Bewunderer, so groß ist die der Neider.

Seneca

* * * * *

Ein Denkmal wird die Nachwelt mir errichten.

Arthur Schopenhauer

Ich habe stets beobachtet, daß man,
um Erfolg in der Welt zu haben,
närrisch scheinen und weise sein muß.

Montesquieu

* * * * *

Erfolg hat nur, wer etwas tut, während er auf den Erfolg wartet.

Thomas Alva Edison

* * * * *

Das Schönste ist, gerecht zu sein, das Beste die Gesundheit, das Angenehmste, wenn man immer erreicht, was man will.

Sophokles

* * * * *

Anstrengung ist die Gemüsebeilage zum Glück.

Xenophon

* * * * *

Dem Mutigen lächelt das Glück.

Lateinisches Sprichwort

* * * * *

Das größte Denkmal ist das Gedächtnis.

Perikles

* * * * *

Nur durch Kampf gewinnt man Siege.

Friedrich von Bodenstedt

Wer nicht läuft, gelangt nie ans Ziel.

Johann Gottfried Herder

*****

Wenn es einen Glauben gibt, der Berge versetzen kann,
so ist es der Glaube an die eigene Kraft.

Marie von Ebner-Eschenbach

*****

Ich kam, sah und siegte.

Cäsar

*****

Hätte Gott mich anders gewollt,
so hätte er mich anders gebaut;
da er mir aber Talent gezollt,
hat er mir viel vertraut.
Ich brauch' es zur Rechten und Linken.
Weiß nicht, was daraus kommt.
Wenn's nicht mehr frommt,
wird er schon winken.

Johann Wolfgang von Goethe

*****

Wer nicht die Frauen hinter sich hat,
bringt es in der Welt zu keinem Erfolg.

Oscar Wilde

*****

Was rühmst du deinen schnellen Ritt!
Dein Pferd ging durch und nahm dich mit.

Emmanuel Geibel

Wonach du sehnlich ausgeschaut,
Es wurde dir beschieden.
Du triumphierst und jubelst laut:
Jetzt hab' ich endlich Frieden!

Ach, Freundchen, so rede nicht so wild,
Bezähme deine Zunge!
Ein jeder Wunsch, wenn er erfüllt,
Kriegt augenblicklich Junge.

Wilhelm Busch

* * * * *

Tapferkeit ist nicht Freiheit von Angst,
sondern Überwindung.

* * * * *

Sich selbst besiegen ist der schönste Sieg.
Erst er macht Erfolge möglich.

* * * * *

Wende dein Gesicht der Sonne zu, dann fallen die
Schatten hinter dich.

* * * * *

Erst, wenn man das Ziel erreicht,
weiß man, ob sich der Schweiß auszahlt,
den man dafür vergossen hat.

* * * * *

Die Menschen haben ein besseres Gedächtnis
für Fehler als für Erfolge.

Demokrit

Glück kommt nicht von außen;
man muß es in sich selbst erkämpfen.
Daß man es erkämpfen kann,
macht Mut.

Alexander von Humboldt

* * * * *

Ohne Gunst und Neid
Ist Königs Sicherheit.
Ohn' Gunst und schlicht
Ist Königs Pflicht.
Nichts tun als Gnad
Ehrt Königs Pfad.
Nichts tun aus Haß
Ehrt Königs Maß.

Chinesische Weisheit

* * * * *

Glück ist, auch das zu lieben,
was man tun muß
und nicht nur das,
was man tun will.

Englisches Sprichwort

* * * * *

Wer still steht, geht zurück;
wer auf Lorbeern ruht,
die er nicht brach,
liegt nur auf einer schöneren Bärenhaut.
Nur wer immer mehr tun will,
als schon getan ist,
wird das tun, was er kann.

Ernst Moritz Arndt

Für das Geliebte leiden ist so süß,
und Hoffnung und Erinnerung sind Rosen
von einem Stamme mit der Wirklichkeit,
nur ohne Dornen!

Franz Grillparzer

* * * * *

Wer viel denkt, eignet sich nicht zum Parteimann;
er denkt sich durch die Partei hindurch.

Friedrich Nietzsche

* * * * *

Weichheit ist gut an ihrem Ort,
aber sie ist kein Losungswort,
kein Schild, keine Klinge und kein Griff,
kein Steuer, kein Panzer für dein Schiff.
Du ruderst mit ihr vergebens.
Kraft ist die Parole des Lebens:
Kraft im Zuge des Strebens,
Kraft im Wagen, Kraft im Schlagen
Kraft im Behagen, Kraft im Entsagen,
Kraft im Ertragen,
Kraft bei des Bruders Not und Leid
im stillen Werke der Menschlichkeit.

Friedrich Theodor von Vischer

* * * * *

Nur die Sache ist verloren, die man selber aufgibt.

Gotthold Ephraim Lessing

* * * * *

Du wirst nicht danach beurteilt, was Du sagst, sondern was Du tust!

Rosa Luxemburg

Ein jeglicher versucht sein Glück;
doch schmal nur ist die Bahn zum Rennen.
Der Wagen rollt, die Achsen brennen.
Der Held dringt kühn voran,
der Schwächling bleibt zurück,
der Stolze fällt mit lächerlichem Falle. –
Der Kluge überholt sie alle.

Friedrich von Schiller

* * * * *

Nicht aus des Herzens bloßem Wunsche keimt
des Glücks schöne Götterpflanze auf.
Der Mensch soll mit der Mühe Pflugschar sich
des Schicksals harten Boden öffnen, soll
des Glücks Erntetag sich selbst bereiten
und Taten in die offene Furchen streun.

Heinrich von Kleist

* * * * *

Selbst ein Weg von tausend Meilen
beginnt mit einem Schritt.

Japanische Weisheit

* * * * *

Dem Mutigen lächelt das Glück.

Lateinisches Sprichwort

* * * * *

Musik ist höhere Offenbarung als
alle Weisheit und Philosophie.

Ludwig van Beethoven

Am Ziel deiner Wünsche
wirst du jedenfalls eines vermissen:
dein Wandern zum Ziel.

Marie von Ebner-Eschenbach

* * * * *

Wer jeden Abend sagen kann: „ich habe gelebt",
dem bringt jeder Morgen einen neuen Gewinn.

Seneca

* * * * *

Auch Helden siegen nicht immer.

Sprichwort

* * * * *

Zwischen Hochmut und Demut steht ein Drittes,
dem das Leben gehört, und das ist einfach der Mut.

Theodor Fontane

* * * * *

Bist du nun einflußreich,
nachdem du zuvor gering warst,
verfügst du nun über Besitz,
nachdem du zuvor arm warst
und Mangel gelitten hast,
so vergiß niemals
diese früheren Tage.
Verlaß dich nicht
auf den Wohlstand,
er ist dir von Gott nur anvertraut.

Lehre des Ptahhotep um 2600

Auf leisen Sohlen wandeln
die Schönheit,
das wahre Glück
und das echte Heldentum,
das den Sieg ermöglicht.
Wilhelm Raabe

* * * * *

Anstrengung ist die
Gemüsebeilage zum Glück.
Xenophon

* * * * *

Ich kenne nichts Ermutigenderes
als die fraglose Fähigkeit des Menschen,
durch bewußte Anstrengung sein Leben
auf eine höhere Stufe zu bringen.
Henry David Thoreau

Führerschein und neues Auto

Versetzen Sie sich einmal selber in Ihre Lage zurück, als Sie die Führerscheinprüfung bestanden oder Ihr erstes eigenes Auto bekommen haben. Vermutlich sind Sie vor Stolz und Zufriedenheit schier geplatzt. Wenn Sie sich diese Gefühle vor Augen halten, werden Sie mit Sicherheit den richtigen Ton bei der Auswahl des passenden Glückwunsches treffen.

Bedenke bei allem,
was du tust, vorher Zeit und Ort.
François Rabelais

*****

Ein jeglicher versucht sein Glück;
doch schmal nur ist die Bahn zum Rennen.
Der Wagen rollt, die Achsen brennen.
Der Held dringt kühn voran,
der Schwächling bleibt zurück,
der Stolze fällt mit lächerlichem Falle.
Der Kluge überholt sie alle.
Friedrich von Schiller

*****

Leute, sperrt die Kinder ein,
... hat jetzt den Führerschein!
Sprichwort

*****

Dem Mensch von heute etwas fehlt,
wenn er zum Rendezvous sich quält,
weil er in die Straßenbahn sich drückt.
Das Wandern gilt heut als verrückt,
denn diese Leute haben's schwer,
da voll Gefahr ist der Verkehr.
Doch wer stolz im eignen Wagen sitzt
und emsig durch die Landschaft flitzt,
der ist anerkannt, da ist man hin,
der gehört dazu, hat man erst IHN.
Unser, ... das ist fein,
kriegte seinen FÜHRERSCHEIN!

Palmström, etwas schon in Jahren,
wird an einer Straßenbeuge
und von einem Kraftfahrzeuge
überfahren.

„Wie war", so spricht er, sich erhebend,
und entschlossen weiterlebend,
„möglich, wie dies Unglück, ja,
daß es überhaupt geschah?"

Ist die Staatskunst anzuklagen
in bezug auf Kraftfahrwagen?
Gab die Polizeivorschrift
hier dem Fahrer freie Trift?

Oder war vielmehr verboten,
hier Lebendige zu Toten
umzuwandeln, kurz und schlicht:
„Durfte hier der Kutscher nicht?"

Eingehüllt in feuchte Tücher,
prüft er die Gesetzesbücher
und ist alsobald im klaren:
„Wagen durften dort nicht fahren!"

Und er kommt zu dem Ergebnis:
„Nur ein Traum war das Erlebnis,
weil", so schließt er messerscharf,
„nicht sein kann, was nicht sein darf."

Christian Morgenstern

* * * * *

Je größer der Wagen ist, desto kleiner
wirkt der Mann, der darin sitzt.

Unbekannter Verfasser

Zum neuen Auto: Guten Start!
Fahr flott, doch immer zahm!
Ich wünsche immer gute Fahrt,
und möglichst immer freie Bahn!

* * * * *

Wo der Mann einer Frau die Autotüre öffnet, ist entweder die Frau neu oder das Auto.

Unbekannter Verfasser

* * * * *

Bewegung ist köstlich, wenn wir sie in der Gewalt behalten, lenken und zum Stillstand bringen können, sobald sie gefährlich wird.

Bernard Shaw

* * * * *

Auto: Mittel der Technik, das uns instand setzt, in der Regel viel schneller und bequemer die nächste Reparaturwerkstatt zu erreichen, als wir das zu Fuß vermöchten.

Umzug und eigenes Heim

Wer eine neue Wohnung gesucht, ein Haus gekauft oder gar selber gebaut hat, wer sich um Renovierung und Einrichtung gekümmert und den Umzug gemeistert hat, der ist um einige – nicht immer nur positive Erfahrungen reicher. Und er ist in aller Regel ziemlich gestreßt, so daß Freude, Zufriedenheit und Glücksgefühle erst allmählich die Oberhand gewinnen.

Nutzen Sie also die Gelegenheit, die Stimmung aufzuhellen, sei es durch einen klassischen Glück- oder Segensspruch, sei es durch verschmitzte Hinweise auf vorangegangene Pannen, überwundene Probleme oder besondere Marotten, z.B. eine auffällige Farbwahl, die besonders spartanische oder luxuriöse Ausstattung des neuen Domizils, auf noch fehlende oder unvollständige Ausstattung, die große Zahl der Umzugskisten oder andere Details, die Sie und andere erheitert haben. Lassen Sie also ruhig dem Lästermaul in Ihnen freien Lauf, wenn es die stolzen Eigenheimbesitzer vertragen.

Wenn dieses Haus so lang nur steht,
bis aller Neid und Haß vergeht,
dann bleibt's fürwahr so lange stehn,
bis die Welt wird untergehn.

* * * * *

Wenn Du Freunde verlassen
oder fortziehen mußt,
dann können Euch vielleicht
tausend Kilometer voneinander trennen.
Aber für Gedanken und Herzen
gibt es keine Kilometer.

* * * * *

Möge dieses Haus gewähren
Hort und Heim in Glanz und Ehren
Denen, die es sich erbauten!
Und ihr Richtspruch möge lauten:
„Herr, beschütze unser Heim,
Gib uns deinen Segen drein!"

* * * * *

Gottes Ruh und Gottes Frieden
seien Euerm Haus beschieden!

* * * * *

Nach vielen Mühen und langer Zeit
bekommt Ihr endlich die Belohnung:
Ihr habt glücklich Euer Ziel erreicht; es ist soweit.
Frieden, Eintracht, Glück und Freude
in der neuen Wohnung!

Bosheit, Feinde, schlimme Leiden
sollen Eure Türe meiden!
Freude, Glück und Sonnenschein
sollen Euch willkommen sein!

* * * * *

Das eigne Heim, es ist vollendet,
behüt's Euch Gott, der Gutes sendet,
vor jedem Schaden, allem Ungemach
vom tiefen Keller bis zum hohen Dach.
Wir wünschen es sehr, so soll es sein:
Hier ziehn mit Euch Glück und Frieden ein!

* * * * *

Dieses Haus steh in Gottes Hand.
Der Herr bewahr' es vor Feuer und Brand,
und alle, die gehn aus und ein,
laß dir, o Herr, befohlen sein!

* * * * *

Gott behüt' dies Haus so lang,
bis ein Schneck die Welt durchgang,
bis ein Ameis dürst' so sehr,
daß sie austrinkt das ganze Meer.

* * * * *

Im Hause, wo der Gatte sicher waltet,
Da wohnt allein der Friede, den vergebens
Im Weiten, du da draußen, suchen magst.

Johann Wolfgang von Goethe

Gott schütze dies Haus stets vor Gefahr
und schütze seinen Herrn.
Es stehe sicher Jahr um Jahr
und halt die Sorgen fern.
Der grüne Kranz sei ein Symbol
für unsres Bauherrn Glück,
das in dem Hause wohnen soll
in jedem Augenblick!

* * * * *

Im eigenen Hause sei bescheiden
Euch Heimat, Glück und Gottes Frieden!
Der Familie diene es als Hort,
Es wehre ab Unfrieden und Tort!
Darauf laß mich in allen Ehren
Ein gutes Glas zu Eurem Wohle leeren!

* * * * *

In diesem Haus soll Frieden wohnen,
verbannt seien Zank und Streit,
Mit Glück soll euch das Schicksal lohnen,
welch treue Freunde Ihr uns seid.

* * * * *

In jedes Haus, wo Liebe wohnt,
scheinen hinein Sonne und Mond,
und mag es groß sein oder klein,
es kommt der Frühling doch hinein.

Lang ersehnt, jetzt endlich wahr:
Ihr habt ein Haus! Wie wunderbar!
Es sei und bleibe Euch allezeit
Glücksquelle der Gemeinsamkeit!

* * * * *

Laß dich, Herr Jesu Christ,
durch mein Gebet bewegen,
komm in mein Haus und Herz
und bringe mir den Segen.
All Arbeit, Müh und Kunst
ohne dich nichts richtet aus;
wo du mit Gnaden bist,
kommt Segen in das Haus.

* * * * *

Tragt Glück hinein und Sorgen hinaus,
wünsch' ich euch zum neuen Haus.
Zu eurer Heimat werde es schnell,
das euch schützt und wärmet wie ein Fell,
das euch beschirme vor Mühsal und Plag,
euch nur beschere gute Tag'!

* * * * *

Endlich baut ich eine Hütte.
Still nun zwischen ihren Wänden
Sitz ich in der Welten Mitte,
Unbekümmert um die Enden.

Wilhelm Busch

Wir wollen gratulieren,
gerichtet ist das Haus,
es hat Fenster und Türen
und sieht gar stattlich aus.

Der Maurer hat's gemauert,
der Zimmrer überdacht;
doch daß es hält und dauert,
das steht in Gottes Macht.

Schützt auch das Dach vor Regen,
die Mauer vor dem Wind,
so ist doch allerwegen
an Gott allein gelegen,
ob wir geborgen sind.

* * * * *

Wie manche Kunst, man sagt's nicht aus,
muß helfen, um zu baun ein Haus!
Die Kunde hab' ich erst gewonnen,
nachdem ich eins zu baun begonnen.
Zusammen wirkt da jede Zunft,
als ständ' am Weltbau Weltvernunft;
und wie sie durcheinanderrennen,
scheint jeder seinen Platz zu kennen.
Wie dieser dies, und jener das
und jeder tut, ich weiß nicht was,
muß ich sie nur gewähren lassen
und auf die Kostenzettel passen.
Wär' alles dies nicht längst erdacht,
ich hätt' es nicht hervorgebracht
und hätte müssen mich begnügen,
ein Hüttendach aus Rohr zu fügen.

Friedrich Rückert

Zum neuen Heime wünschen wir,
daß Ihr glücklich und zufrieden seid.
Zu Eurem Einzug haben hier
zwei Gaben wir bereit:
Das Brot, es gehe niemals aus,
und Salz, das würze jeden Schmaus,
solange Ihr hier weilt
und Euer Brot mit guten Freunden teilt.
Solange Ihr habt Salz und Brot
bleibt ferne von Euch alle Not.

* * * * *

Herr Christ, nun breit die Arme aus
und segne unser liebes Haus!
Behüt' die Kammer und die Keller
und mach' sie alle Tage heller.
Die Wanderer, die vorübereilen,
die solln gern bei uns verweilen.
Laß alle guten Geister ein,
tritt selbst, sooft du magst, herein!
Und segne Brot und Salz und Flachs
und auch das goldne Lichterwachs.
Bewahre uns vor Brand und Flut.
Beschirm' des Herdes heilge Glut.
Und alle Blumen laß gedeihn
und dir zur Freud' gewachsen sein.
Halt klar und rein die Wasserquelle
und wehr der Sünde diese Schwelle.
Dies Haus weiß um des Kreuzes Last,
die du für uns getragen hast.
Herr Jesus, breit die Arme aus
und segne unser liebes Haus.

Gerhard Tersteegen

Das neue Haus ist aufgerichtet,
gedeckt, gemauert ist es nicht.
Noch können Regen und Sonnenschein
von oben und überall herein:
Drum rufen wir zum Meister der Welt,
er wolle von dem Himmelszelt
nur Heil und Segen gießen aus
hier über dieses offne Haus.
Zuoberst woll' er gut Gedeihn
in die Kornböden und verleihn;
in die Stube Fleiß und Frömmigkeit,
in die Küche Maß und Reinlichkeit,
in den Stall Gesundheit allermeist,
in den Keller dem Wein einen guten Geist.
Die Fenster und Pforten woll' er weihn,
daß nichts Unseliges komm' herein,
und daß aus dieser neuen Tür
bald fromme Kindlein springen für.
Nun, Maurer, deckt und mauert aus!
Der Segen Gottes ist im Haus!

Ludwig Uhland

* * * * *

Dreimal umgezogen ist so gut
wie einmal abgebrannt.

Benjamin Franklin

Reise

Aus den Glückwünschen zum Antritt einer größeren Reise darf ruhig sprechen, daß Sie die Reisenden ein wenig beneiden, doch echter Neid ist der Feind eines gelungenen, gut gemeinten Glückwunsches. Und wer das Glück hat, eine große Fahrt antreten zu dürfen, der muß auch ein wenig Spöttelei vertragen.

Zwar sind Reisen heute in aller Regel keine gefahrvollen Abenteuer mehr wie in früheren Zeiten, doch sollte auch der Wunsch nach einer glücklichen und gesunden Heimkehr nicht fehlen.

Eine ganze Woche lang
durft' ich bei Dir sein.
Dafür sage ich Dir Dank.
Es war wirklich fein!

* * * * *

Genieß voll Inbrunst die Natur,
mit vollem Herz und leerem Bauch;
erwandere Dir Wald und Flur.
Sei fröhlich, wie's beim Wandern Brauch.

* * * * *

Dir wünsch' ich keinen langen Stau,
genug Benzin und Glück dazu.
Fahr nicht zu wild! Fahr lieber schlau!
Der Lenker Deines Glücks bist Du.

* * * * *

Du fährst als Tramper. Sei Dir im klaren,
daß nicht ein jeder Fahrer wirklich gastfrei ist.
Doch mögen alle, die Dich fahren,
so nett sein, wie Du selber bist!

* * * * *

Einen allseits guten Start
wünsche Euch ich zur Urlaubsfahrt!
Euch sei der Himmel hell und blau,
auf den Straßen niemals Stau!
Und damit das Maß wird wirklich voll,
bleibt mir auch ungeschoren von dem Zoll.
Dieses wünsch' ich Euch mit Schmerzen.
Nach dem Urlaub, das wird schön,
gibt's ein frohes Wiedersehn!

Fliegst Du durch Himmelsblau und Sonnenschein,
wird Dein Blick weit, die Luft wird rein.
Glück auf für Deinen Flug!
Und Dein Herz sei vor Freude leicht und von Sorgen frei.

* * * * *

Ich wünsch' Dir gute Sicht auf Deiner Reise,
Dein Platz sei weich und sehr bequem.
Recht gute Fahrt! Und auf angenehme Weise
nur nette Nachbarn außerdem.

* * * * *

Mein guter Wunsch wird Dich begleiten.
Dein Sitz sei weich, die Stimmung heiter.
Ich wünsche Dir und allen Leuten
im Autobus vergnügte Fahrt und nette Begleiter!

* * * * *

Wenn Dich sanft die Meereswellen treiben,
dann denk auch mal an uns zurück,
die wir mußten am Festland bleiben.
Ich wünsch Dir für die Seefahrt Glück.

* * * * *

Sei lieber ein kleines Lämpchen,
das einen dunklen Winkel
mit eigenem Licht erleuchtet,
als ein großer Mond einer
fremden Sonne.

Adolf von Knigge

Nach langer Arbeit glücklichem Vollbringen
mit süßem Nichts die Tage zu verträumen,
bei jedem flüchtigen Genuß zu säumen,
am Großen sich ergötzend und Geringen;

aus edlen Dichtern einen Vers zu singen
gestreckt ins Gras, wo laute Quellen schäumen,
an Rosenhecken unter Lindenbäumen
das Leben unbesorgt dahinzubringen;

im Mai die Stirn mit jungem Laub zu krönen,
die lauen Nächte, bis es wieder taget,
durch Weingenuß und Liebe zu verschönen:

dies ist, und wenn mich auch darob verklaget
ein Sittenrichter, der es will verpönen,
das einzige, was meinem Sinn behaget.

August Graf von Platen

* * * * *

Wir brauchen nicht so fortzuleben,
wie wir gestern gelebt haben.
Machen wir uns von dieser
Anschauung los, und
tausend Möglichkeiten
laden uns zu
neuem Leben ein.

Christian Morgenstern

* * * * *

O wie gut täte es manchen Menschen,
wenn sie zuerst einmal von sich loskämen,
und nicht von dieser Gegend.

Seneca

Lebe wohl! – du fühlest nicht,
was es heißt, dies Wort der Schmerzen,
mit getrostem Angesicht
sagest du's und leichtem Herzen.
Lebe wohl! – Ach, tausendmal
hab' ich es mir vorgesprochen
und, in nimmersatter Qual,
mir das Herz damit zerbrochen!

Eduard Mörike

* * * * *

Aber um eine fremde Nation eigentlich zu begreifen,
um den Schlüssel zur Erklärung ihrer Eigentümlichkeiten
in jeder Gattung zu erhalten, ja selbst
nur um viele ihrer Schriftsteller vollkommen zu verstehen,
ist es schlechterdings notwendig,
sie mit eigenen Augen gesehen zu haben.

Wilhelm von Humboldt

* * * * *

Wer allzeit hinterm Ofen sitzt,
Grillen fängt und Hölzlein spitzt
und fremde Leute nie beschaut,
der bleibt ein Narr in seiner Haut.

Hans Sachs

* * * * *

Das Reisen dient in jüngeren Jahren der Erziehung,
in reiferen der Erfahrung.

Francis Bacon

Die Tauben von San Marco seh' ich wieder:
Still ist der Platz, Vormittag ruht darauf.
In sanfter Kühle schick' ich müßig Lieder
gleich Taubenschwärmen in das Blau hinauf –
und locke sie zurück,
noch einen Reim zu hängen ins Gefieder
– Mein Glück! Mein Glück!

Du stilles Himmels-Dach, blau-licht, von Seide,
wie schwebst du schirmend, ob des bunten Bau's,
den ich – was sag ich? – liebe, fürchte, neide …
Die Seele wahrlich tränk' ich gern ihm aus!
Gäb' ich sie je zurück? –
Nein, still davon, du Augen-Wunderweide!
– Mein Glück! Mein Glück!

Du strenger Turm, mit welchem Löwendrange
stiegst du empor hier, siegreich, sonder Müh'.
Du überklingst den Platz mit tiefem Klange –:
Französisch wärst du sein accent aigu?
Blieb ich gleich dir zurück,
ich wüßte, aus welch seidenweichem Zwange …
– Mein Glück! Mein Glück!

Fort, fort, Musik! Laß erst die Schatten dunkeln
und wachsen bis zur braunen, lauen Nacht!
Zum Tone ist's zu früh am Tag, noch funkeln
die Gold-Zieraten, nicht in Rosen-Pracht.
Noch blieb viel Tag zurück,
viel Tag für Dichten, Schleichen, Einsam-Munkeln
– Mein Glück! Mein Glück!

Friedrich Nietzsche

Glück auf! Nun will ich wandern
von früh bis abends spät,
so weit auf dieser Erde
die Sonne auf mir geht!

Ich führe nur Stab und Becher,
mein leichtes Saitengetön;
Ich wundre mich über die Maßen,
wie's überall so schön!

Oft ist die Ebene schöner
als meine Berge, so hoch!
Und wo kein blauer Himmel
gibt's Purpurwolken doch.

Und wo kein schmachtender Lotus
wächst blühendes Heidekraut,
wo keine gotischen Dome,
sind trojanische Tempel gebaut.

Und bin ich des Griechischen müde,
so lockt mich die Moschee:
Ich kleid' in maurische Schnörkel
mein abendländisches Weh.

Das Heimweh nach der Wirtin!
Sie find' ich in keinem Haus
und nach der einzig Einen
jag' ich Welt ein und aus.

Hei da, du wilder Jäger,
du Bauer dort im Kraut,
hast du, verwegner Schiffer,
die Wirtin nirgend geschaut?

Frau Freiheit heißt die Schönste!
Sie ist von keuschem Blut;
sie hält sich Wanderschuhe
und einen Reisehut.

Wo kocht sie jetzt die Rüben?
Wo mahlt sie jetzt ihr Korn?
Wo striegelt sie die Knechte?
Wo reutet sie den Dorn?

Sie ist eine Melusine:
Wer sie hat und nach ihr fragt,
dem wandert sie aus dem Hause
frühmorgens, eh es tagt

Gottfried Keller

* * * * *

Wo man singet, laß dich ruhig nieder,
ohne Furcht, was man im Lande glaubt;
wo man singet, wird kein Mensch beraubt:
Bösewichter haben keine Lieder.

Johann Gottfried Seume

* * * * *

Wer reisen will,
der schweigt fein still,
nehm' wenig mit,
geh' steten Schritt,
steh' frühe auf am Morgen
und laß daheim die Sorgen.

Johann Michael Moscherosch

Reisen lern' ich wohl auf dieser Reise,
ob ich leben lerne, weiß ich nicht.

Johann Wolfgang von Goethe

* * * * *

Durch Feld und Buchenhallen,
bald singend, bald fröhlich still,
recht lustig sei vor allen,
wer's Reisen wählen will!
Wenn's kaum im Osten glühte,
die Welt noch still und weit,
da weht recht durchs Gemüte
die schöne Blütenzeit!
Die Lerch' als Morgenbote
sich in die Lüfte schwingt.
Eine frische Reisenote
durch Wald und Herz erklingt.
O Lust, vom Berg zu schauen
weit über Feld und Strom,
hoch über sich den blauen,
tiefklaren Himmelsdom!
Vom Berge Vöglein fliegen
und Wolken so geschwind.
Gedanken überfliegen
die Vögel und den Wind.
Die Wolken ziehn hernieder,
das Vöglein senkt sich gleich:
Gedanken gehn und Lieder
fort bis ins Himmelreich!

Joseph von Eichendorff

Ich wünsch' dir einen breiten Weg
und ganz wenig Steine nur.

Polnisches Sprichwort

* * * * *

Fortuna lächelt, doch sie mag
nur ungern uns beglücken;
schenkt sie uns einen Sommertag,
schenkt sie uns auch Mücken.

Wilhelm Busch

* * * * *

Uraltes Wehn vom Meer,
Meereswind bei Nacht:
du kommst zu keinem her;
wenn einer wacht,
so muß er sehn, wie er
dich übersteht:
uraltes Wehn vom Meer,
welches weht
nur wie für Ur-Gestein,
lauter Raum
reißend von weit herein ...
O wie fühlt dich ein
treibender Feigenbaum
oben im Mondenschein.

Rainer Maria Rilke

Bestandene Prüfungen

Erleichterung, Stolz und Zufriedenheit über die erbrachte Leistung, oft aber auch eine gewisse Angst vor der beruflichen Zukunft und der materiellen Sicherheit befallen Menschen, die eine Prüfung bestanden haben. Darauf sollten Sie bei aller Mit-Freude achten, wenn Sie einen Glückwunsch aussuchen. Daher der Rat, lieber einen positiv oder nachdenklich stimmenden Spruch zu wählen als den absoluten Gag.

Der Hinweis auf gemachte Fehler oder das eventuelle Gerade-Noch-Bestehen eines Prüfungsteils ist bei rückblickenden Gesprächen mit ausreichendem zeitlichen Abstand angebracht, nicht aber bei einem Glückwunsch. Hier wirkt er takt- und geschmacklos.

Cogito, ergo sum – Ich denke, also bin ich.

Descartes

* * * * *

Nicht allein das Abc
bringt den Menschen in die Höh',
sondern auch der Weisheit Lehren
muß man mit Vergnügen hören.

Wilhelm Busch

* * * * *

Jeder Wissende irrt sich und jedes edle Pferd stolpert.

Arabisches Sprichwort

* * * * *

Vergiß nicht – man benötigt nur wenig,
um ein glückliches Leben zu führen.

Marc Aurel

* * * * *

Was wir wissen, ist ein Tropfen,
was wir nicht wissen – ein Ozean.

Isaac Newton

* * * * *

Die Weisheit ist ein Quell.
Je mehr man aus ihm trinkt,
je mehr und mächtiger
er wieder treibt und springt.

Angelus Silesius

Es gibt mehr Ding' im Himmel und auf Erden
Als eure Schulweisheit sich träumen läßt.

William Shakespeare

* * * * *

Wissen nennen wir jenen kleinen Teil der Unwissenheit,
den wir geordnet und klassifiziert haben.

Ambrose Bierce

* * * * *

Freund, so du etwas bist,
so bleib doch ja nicht stehn,
man muß aus einem Licht
fort in das andre gehn.

Angelus Silesius

* * * * *

Angenehm sind die erledigten Arbeiten.

Cicero

* * * * *

Wenn es keine Tugend ist, Geist zu haben,
so ist es kein Laster, ihn zu entbehren.

Denis Diderot

* * * * *

Es irrt der Mensch, solang er strebt.

Johann Wolfgang von Goethe

Wissen ist Macht.

Francis Bacon

*****

Rastlos vorwärts mußt Du streben,
nie ermüdet stille stehn,
willst Du die Vollendung sehn;
mußt ins Breite dich entfalten,
soll sich Deine Welt gestalten;
in die Tiefe mußt Du steigen,
soll sich Dir das Wissen zeigen.
Nur Beharrung führt zum Ziel,
nur die Fülle führt zur Klarheit,
und im Abgrund wohnt die Wahrheit.

Friedrich von Schiller

*****

Klug kann nur ein guter Mensch sein.

Aristoteles

*****

Genie ist ein Prozent Eingebung
und neunundneunzig Prozent Schweiß.

Thomas Alva Edison

*****

Die Summe unserer Erkenntnis besteht aus dem,
was wir gelernt, und aus dem, was wir vergessen haben.

Marie von Ebner-Eschenbach

Mir geht ein Licht auf!
Matthäus

* * * * *

Wage es, weise zu sein.
Horaz

* * * * *

Ich weiß, daß ich nichts weiß.
Sokrates

* * * * *

Sich selber erforschen,
um sich selbst zu erkennen,
ist das erste Studium.
Johann Michael Sailer

* * * * *

Arbeit wird dadurch leichter,
daß man sich an sie gewöhnt.
Demokrit

* * * * *

Der Stein, der dir vom Herzen gefallen ist,
soll zum puren Gold dir werden.

* * * * *

Die einzige Quelle meines Unglücks ist die Unwissenheit.
Augustinus

In unser aller Namen
gratuliere ich zum Examen:
Jetzt beginnt ein neuer Lebensabschnitt!
Und wir alle freun uns und gehen ihn mit!

* * * * *

Ohne Neugier gäbe es keine neue Erkenntnis,
ohne Staunen keine neuen Ideen und
Vorstellungen und ohne hartnäckigen,
bohrenden Fleiß keinen Erfolg.

* * * * *

Du sollst auch mit allem, was
krumm ist an dir,
an einem guten Platz
und im Licht des Himmels leben dürfen.

Laß auch gelten an dir,
was nicht gedeihen konnte,
und auch das Knorrige, das Unfertige.

* * * * *

Wenn ich einen grünen Zweig im Herzen trage,
wird sich ein Singvogel darauf niederlassen.
Chinesische Weisheit

* * * * *

Wochenlang war man beklommen,
weil die Zeit der Prüfung kam.
Nun ist die Hürde glatt genommen
und keiner ist dem Schicksal gram.
Da können wir alle fröhlich jubilieren
und zum bestandenen Examen gratulieren.

Wo Fleiß und Ernst zusammenkommen,
wird manche Hürde leicht genommen.
Mit Recht ist man dann stolz, froh und heiter.
Gratulation! Weiter so auf der Lebensleiter!

* * * * *

Der nächste Weg zu Gott
ist durch der Liebe Tür.
Der Weg der Wissenschaft
bringt dich gar langsam für.

Angelus Silesius

* * * * *

Genieße, was dir Gott beschieden,
entbehre gern, was du nicht hast.
Ein jeder Stand hat seinen Frieden,
ein jeder Stand hat seine Last.

Christian Fürchtegott Gellert

* * * * *

Wer fragt, der lernt.

Deutsches Sprichwort

* * * * *

Das sind die Weisen,
die durch Irrtum zur Wahrheit reisen.
Die bei dem Irrtum verharren,
das sind die Narren.

Friedrich Rückert

Tu frei und offen, was du nicht willst lassen,
doch wandle streng auf selbstbeschränkten Wegen
und lerne früh nur deine Fehler hassen!

Gottfried Keller

* * * * *

Man darf das Schiff nicht an einen einzigen Anker
und das Leben nicht an eine einzige Hoffnung binden.

Epiktet

* * * * *

Es muß der eine nicht den andern mäkeln,
es muß der Knorr den Knubben hübsch vertragen.
Es muß ein Gipfelchen sich nicht vermessen,
daß es allein der Erde sei entsprossen.

Gotthold Ephraim Lessing

* * * * *

Willst Du getrost durchs Leben gehn,
blick' über Dich!
Willst Du nicht fremd im Leben stehn,
blick' um Dich!
Willst Du Dich selbst in einem Werte sehn,
blick' in Dich!

Johann Kaspar Lavater

* * * * *

Überhaupt hat der Fortschritt das an sich,
daß er viel größer ausschaut, als er wirklich ist.

Johann Nepomuk Nestroy

Lernen und nicht denken ist nichtig.
Denken und nicht lernen ist gefährlich.

Konfuzius

* * * * *

Kläglich ist der Schüler,
der seinen Meister nicht übertrifft.

Leonardo da Vinci

* * * * *

Sei dennoch unverzagt, gib dennoch unverloren,
Weich keinem Glücke nicht,
Steh' höher als der Neid,
Vergnüge dich an dir und acht' es für kein Leid,
Hat sich gleich wider dich Glück, Ort und Zeit
Verschworen!

Paul Fleming

* * * * *

Wer den Erfolg nicht sucht, der verpaßt ihn.

Sprichwort

* * * * *

Das flücht'ge Lob, des Tages Ruhm
magst du dem Eitlen gönnen;
das aber sei dein Heiligtum:
Vor dir bestehen können.

Theodor Fontane

Der eine fragt: „Was kommt danach?"
Der andre fragt nur: „Ist es recht?"
Und also unterscheidet sich
Der Freie von dem Knecht.

Theodor Storm

* * * * *

Die Erfahrung kostet ein hohes Schulgeld,
aber ihr Unterricht ist unbezahlbar.

Thomas Carlyle

* * * * *

Das Staunen ist eine Sehnsucht nach Wissen.

Thomas von Aquin

* * * * *

Niemand ist glücklicher zu preisen als derjenige, der im Buche der Natur zu lesen weiß, das Gott vor unseren Augen aufgeschlagen hat. Die Erkenntnisse, die er dabei erringt, sind sein Eigentum. Zudem bildet und entwickelt er durch dieses Studium seinen Geist.

Voltaire

* * * * *

Das Wissen ist notwendig, um zu wissen,
daß es im Unwissen endet.

Attar

Beförderung und Versetzung

Auch wenn es um die Besetzung eines Postens mehrere Bewerber gab, man vielleicht selber unterlegen ist und die Bevorzugung des anderen als ungerecht empfindet: Für Groll, Beleidigtsein und Ärger ist kein Platz mehr, wenn es darum geht, zu einer Beförderung oder Versetzung Glück zu wünschen. Versuchen Sie gegebenenfalls, über Ihren Schatten zu springen und einen echten Glückwunsch auszusprechen. Das kann nur positiv auf Sie zurückfallen. Wenn Ihnen dagegen nur verletzende Spitzen einfallen, sollten Sie auf den Glückwunsch lieber verzichten. Bedenken Sie bitte, daß jeder eine faire Chance auf seinem neuen Posten verdient hat.

Ging die Berufung dagegen konfliktfrei ab, so können Sie in einem Glückwunsch durchaus Ihre eigenen Wünsche und Hoffnungen unterbringen. Auch kleine ironische Spitzen, die besonders auffällige Verhaltensweisen und Marotten des neuen Stelleninhabers oder seines Vorgängers betreffen sind nicht nur erlaubt, sie können einem Glück-

wunsch eine gehörige Würze verleihen und die manchmal auftretende Unsicherheit, wie man sich untereinander verhalten soll, lösen. Auch hier gilt aber: Beachten Sie die Grenzen des guten Geschmacks, vermeiden Sie Verletzendes und Boshaftigkeiten, z.B. herabsetzende „Hinweise" auf die Qualifikation oder ähnliches.

*****

Göttergunst ist's, wenn Erfolg dem Menschen wird.

Aischylos

*****

An der Spitze ist immer Platz.

Daniel Webster

*****

Ein Festtag soll dich stärken
zu deines Werktags Werken,
daß du an dein Geschäfte
mitbringst frische Kräfte.
Du darfst nicht in den Freuden
die Kräfte selbst vergeuden;
neu sollen sie ersprießen
aus mächtigem Genießen.

Friedrich Rückert

*****

Bleib' nicht auf ebnem Feld!
Steig' nicht so hoch hinaus!
Am schönsten sieht die Welt
von halber Höhe aus.

Friedrich Nietzsche

Wer steilen Berg erklimmt, hebt an mit ruhigem Schritt.

William Shakespeare

* * * * *

Wer wagt, gewinnt.

Sprichwort

* * * * *

Ruh' ist Göttern nur gegeben,
ihnen ziemt der Überfluß.
Doch für uns ist Handeln Leben.

Novalis

* * * * *

Es ist besser, ein kleines Licht zu entzünden,
als über große Dunkelheit zu fluchen.

Konfuzius

* * * * *

Das ganze Glück des Menschen besteht darin,
bei anderen Achtung zu genießen.

Blaise Pascal

* * * * *

Die Natur gibt einem Menschen die Fähigkeiten,
und das Glück bringt sie zur Wirkung.

François de La Rochefoucauld

* * * * *

Der große Stuhl macht noch keinen König.

Aus dem Sudan

Wo die Natur nicht will, da ist die Arbeit umsonst.

Seneca

*****

Ein wirklich großes Talent ist nicht irrezuleiten
und nicht zu verderben.

Johann Wolfgang von Goethe

*****

Ruhm und Ruhe sind Dinge, die nicht zusammen wohnen können.

Georg Christoph Lichtenberg

*****

Der Ursprung aller Dinge ist klein.

Cicero

*****

Es ist viel mehr wert, jederzeit die Achtung der Menschen zu haben, als gelegentlich ihre Bewunderung.

Jean-Jacques Rousseau

*****

An kleinen Dingen
muß man sich nicht stoßen,
wenn man zu großen auf dem Weg ist.

Friedrich Hebbel

Wie oft verglimmen die gewaltigsten Kräfte,
weil kein Wind sie anbläst!

Jeremias Gotthelf

* * * * *

Um es in der Welt zu etwas zu bringen,
muß man tun, als habe man es zu etwas gebracht.

François de La Rochefoucauld

* * * * *

Kenntnisse kann jedermann haben, aber die Kunst zu denken
ist das seltenste Geschenk der Natur.

Friedrich der Große

* * * * *

Wer gar zu bieder ist, bleibt zwar ein redlich Mann,
bleibt aber, wo er ist, kommt selten höher an.

Friedrich von Logau

* * * * *

Fordere kein lautes Anerkennen!
Könne was, und man wird dich kennen.

Paul Heyse

* * * * *

Ehre, wem Ehre gebührt.

Römerbrief

* * * * *

Wenn der Diener zum Herrn wird,
vergißt er Vergangenheit und Zukunft.

Mongolisches Sprichwort

Nicht das Amt ehrt den Mann,
sondern der Mann ehrt das Amt.
Talmud

* * * * *

Erfolg hat auf Dauer nur der,
der ihn sich ehrlich erarbeitet
und redlich verdient. Auf die Kosten
Anderer ist noch keiner
dauerhaft erfolgreich geworden.

* * * * *

Wer emsig an seiner Karriere schafft,
der schafft den Aufstieg aus eigener Kraft.
Beförderte sind stolz und das mit Recht!
Unser Glückwunsch ist von Herzen echt.

* * * * *

Du bist zielbewußt und voll Fleiß gestartet.
Und wer durchhält wie Du, der steigt hinauf.
Wir haben es anders gar nicht erwartet;
die Beförderung nahmen wir begeistert auf.
Der Glückwunsch ist herzlich und froh,
vor allem ehrlich gemeint: Nur weiter so!

* * * * *

Herzlich wollen wir heut' gratulieren:
Aufwärts geht es Schritt um Schritt.
Auch wenn wir heute Sie verlieren,
wer Sie kennt, der freut sich mit!

Neid ist dem Menschen natürlich;
dennoch ist er ein Laster und ein Unglück zugleich.
Der Neid der Menschen zeigt an,
wie unglücklich sie sich fühlen;
und ihre beständige Aufmerksamkeit auf
fremdem Tun und Lassen,
wie sehr sie sich langweilen.

Arthur Schopenhauer

* * * * *

Ideale sind wie Sterne:
Man kann sie nicht erreichen,
aber man kann
sich nach ihnen orientieren.

Carl Schurz

* * * * *

Lust und Liebe zu einem Ding,
macht die schwerste Arbeit gering.

Deutsches Sprichwort

* * * * *

Herr! schicke, was du willst,
Ein Liebes oder Leides;
Ich bin vergnügt, daß beides
Aus deinen Händen quillt.

Wollest mit Freuden
Und wollest mit Leiden
Mich nicht überschütten!
Doch in der Mitten
Liegt holdes Bescheiden.

Eduard Mörike

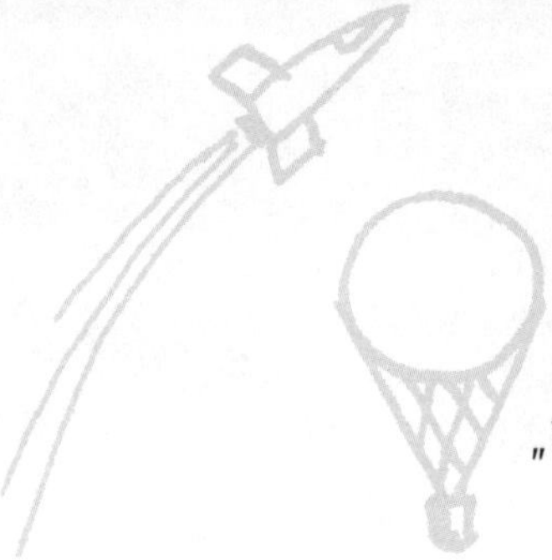

Einer fragte einen Weisen:
„Worin besteht Klugheit?"
„In Menschenkenntnis."
„Und worin besteht Tugend?"
„In Menschenliebe."

Chinesische Weisheit

* * * * *

Wenn's etwas gibt,
gewalt'ger als das Schicksal,
so ist's der Mut,
der's unerschüttert trägt.

Emanuel Geibel

* * * * *

An kleinen Dingen
muß man sich nicht stoßen,
wenn man zu großen
auf dem Weg ist.

Friedrich Hebbel

* * * * *

Durch bloße Lehren
sind nie die Menschen zu bekehren:
Das gute Beispiel prägt allein
der Lehre Sinn dem Herzen ein.

Martin von Bodenstedt

* * * * *

Der größte Sinnengenuß,
der gar keine Beimischung von Ekel bei sich führt,
ist, im gesunden Zustande, Ruhe nach der Arbeit.

Immanuel Kant

Bilde dir auf dein Wissen nichts ein
und baue nicht auf deine Gelehrsamkeit.
Berate dich mit Unwissenden
als auch mit Wissenden.

Lehre des Ptahhotep

* * * * *

Der Wissende redet nicht und
der Redende weiß nicht.

Laotse

* * * * *

Wer lächelt, statt zu toben,
ist immer der Stärkere.

Japanische Weisheit

* * * * *

In starken Menschen werden große Schmerzen und Freuden
zu überschauenden Anhöhen des ganzen Lebensweges.

Jean Paul

* * * * *

Der Mensch hat dreierlei Wege,
klug zu handeln:
erstens durch Nachdenken,
das ist der edelste;
zweitens durch Nachahmen,
das ist der leichteste;
drittens durch Erfahrung,
das ist der bitterste.

Konfuzius

Zwischen Gelingen und Mißlingen,
in Streit, Anstrengung und Sieg,
bildet sich der Charakter.

Leopold von Ranke

* * * * *

Hast du die Gabe von Gott, daß du gewaltiger, höher, gelehrter, edler bist denn andere, so denke, daß es dir befohlen, andern damit zu dienen.

Martin Luther

* * * * *

Dem Neide wirst Du entgehen,
wenn Du verstehst,
Dich im Stillen zu freuen.

Seneca

* * * * *

Die Neider sterben wohl,
doch nimmer stirbt der Neid.

Molière

* * * * *

Nicht der heißt ein guter Mensch,
der eine gute Erkenntniskraft,
sondern der einen guten Willen hat.

Thomas von Aquin

* * * * *

Fürchte dich nicht vor dem langsamen Vorwärtsgehen,
fürchte dich nur vor dem Stehenbleiben.

Weisheit aus Honkong

Wenn du vernimmst,
daß ein Berg versetzt worden sei,
so glaube es!
Wenn du aber vernimmst,
daß ein Mensch seinen Charakter geändert habe,
so glaube es nicht.

Weisheit aus Arabien

* * * * *

Zufrieden sein ist große Kunst,
zufrieden scheinen bloßer Dunst,
zufrieden werden großes Glück,
zufrieden bleiben Meisterstück.

Sprichwort

* * * * *

Will das Glück nach seinem Sinn
Dir was Gutes schenken,
sage Dank und nimm es hin
ohne viel Bedenken.

Jede Gabe sei begrüßt,
doch vor allen Dingen:
Das, worum Du Dich bemühst,
möge Dir gelingen.

Wilhelm Busch

* * * * *

Pläne tragen ja nichts,
und voreilig Gesätes geht nicht auf.
Geduld und Arbeit aber sind wirklich
und können sich jeden Augenblick
in Brot verwandeln.

Rainer Maria Rilke

Eine Stunde konzentrierter Arbeit
hilft mehr, deine Lebensfreude anzufachen,
deine Schwermut zu überwinden
und dein Schiff wieder flottzumachen
als ein Monat dumpfes Brüten.

Benjamin Franklin

* * * * *

Bist du nun einflußreich,
nachdem du zuvor gering warst,
verfügst du nun über Besitz,
nachdem du zuvor arm warst
und Mangel gelitten hast,
so vergiß niemals diese früheren Tage.
Verlaß dich nicht auf den Wohlstand,
er ist dir von Gott nur anvertraut.

Lehre des Ptahhotep

* * * * *

Verlange von Dir selber viel,
und sprich zu Dir: Ich will – ich soll!
Den andern aber hilf ans Ziel,
und sei im Fordern nachsichtsvoll!

Heinrich Hoffmann

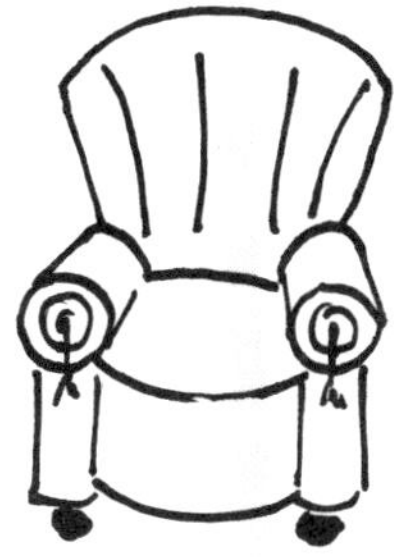

Ruhestand

Das Ausscheiden aus dem Arbeitsleben ist heute sehr häufig der lang ersehnte Abschied von Streß, Ärger und „Grabenkämpfen". Viele Menschen sind froh, endlich Zeit für sich, ihre Hobbies oder ihre Familie zu haben. Viele beginnen, sich in neue Wissensgebiete einzuarbeiten, übernehmen ein Ehrenamt oder machen erst einmal eine ausgedehnte Traumreise. Für diese Menschen einen passenden Glückwunsch zu finden, fällt nicht schwer. Allzu deutliche Hinweise auf mögliche Querelen am Arbeitsplatz, welcher Art auch immer, sind dagegen nicht angebracht. Wer sich an seinem Arbeitsplatz engagiert hat, verdient Respekt und Anerkennung, auch wenn jüngere Leute die Leistungen vielleicht ein wenig kritisch betrachten.

Rückblickend kann, darf und sollte man ruhig auch die speziellen Eigenarten des künftigen Ruheständlers auf die Schippe nehmen – aber bitte ohne jede Häme und Boshaftigkeit. Aber ein bißchen Spöttelei schadet kaum.

Ungleich schwerer ist es, wenn der Ruhestand Ergebnis eines Konfliktes ist, wenn also z. B. drohender Arbeitslosigkeit vorgebeugt oder eine bestehende mit der Verrentung beendet wird, wenn ein jüngerer den Älteren von seinem Posten verdrängt hat oder eine angebotene Versetzung auf eine „ruhigere" Stelle nicht akzeptabel erschien. Wer auf diese Art in den Ruhestand verabschiedet wird, ist verletzt und betroffen. In diesem Fall ist ein versöhnlicher, tiefsinniger und neutraler Glückwunsch angebracht.

* * * * *

Nihil agere delectat – Nichtstun ist angenehm.

Cicero

* * * * *

Der größte Sinnengenuß,
der gar keine Einmischung von Ekel bei sich führt, ist,
im gesunden Zustand, Ruhe nach der Arbeit.

Immanuel Kant

* * * * *

Nichtstun ist besser als mit viel Mühe nichts schaffen.

Laotse

* * * * *

Möge ich Sie in stiller Tätigkeit antreffen, aus der dann doch zuletzt am sichersten und reinsten Weltumsicht und Erfahrung hervorgehen.

Johann Wolfgang von Goethe

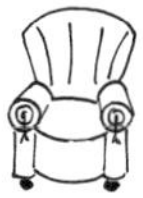

Wie wenig ist am Ende der Lebensbahn daran gelegen,
was wir erlebten,
und wie unendlich viel,
was wir daraus machten.

Wilhelm von Humboldt

* * * * *

Gib den Füßen Ruhe, aber auch dem Herzen.

Aus Nigeria

* * * * *

Wenn's am besten schmeckt, soll man aufhören.

Sprichwort

* * * * *

Das Alter hat die Heiterkeit dessen,
der seine Fesseln los ist
und sich nun frei bewegt.

Arthur Schopenhauer

* * * * *

Graue Haare sind eine Krone der Ehren.

Sprüche Salomons

* * * * *

Gold und Lachen
können das Alter zur Jugend machen.

Talmud

Nicht der Mensch hat am meisten gelebt,
welcher die höchsten Jahre zählt, sondern derjenige,
welcher sein Leben am meisten empfunden hat.

Friedrich Rückert

* * * * *

Nach getaner Arbeit ist gut ruhen.

Sprichwort

* * * * *

Der Mann, der nicht imstande ist,
einen Fehler zu machen,
ist zu nichts imstande.

Abraham Lincoln

* * * * *

Wenn man die Ruhe nicht in sich selbst findet,
ist es umsonst, sie anderswo zu suchen.

François de La Rochefoucauld

* * * * *

Die Arbeit, das war Ihnen Herzenssache;
Leistung war Ihr Grundsatz und nicht Mache.
Dies anzuerkennen nach unserer langen Zeit,
ist heute die Gelegenheit.
Dank für vorbildliche Tüchtigkeit,
für Charakterfestigkeit und Haltung.
Unser Wunsch: Noch eine lange Zeit,
arm an Krankheit, reich an Gestaltung!

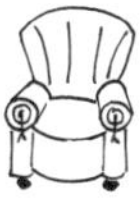

Die Pflicht, das war Ihr Leben;
treulich haben Sie gewagt, gewägt.
So erfüllte sich Ihr ganzes Streben,
das den Lohn schon in sich selber trägt.
Doch das Leben geht für Sie noch weiter;
und neue Pflichten warten jetzt auf Sie.
Bleiben Sie gesund, aktiv und heiter!
Dank! Vergessen werden wir Sie nie!

* * * * *

Ob die Ruhe, der Sie sehn entgegen,
wirklich geruhsam wird? Wer weiß!
Sicher werden Sie in Ihrem Kreis
sich mit neuem Einsatz tüchtig regen.

Wer Sie kennt, steht bald unter Ihrem Bann!
Witz, Verstand, Aktivität und Fleiß
legen Sie ganz sicher nicht auf Eis!
Und darum bewundert Sie jedermann.

Auch wir es noch nicht im Verstand
begriffen haben, daß Sie uns aufgeben,
um zu führn Ihr eigenes Leben:
Von Herzen alles Gute zum Ruhestand.

* * * * *

Wir danken, daß Sie uns in all den Jahren
ein menschlich-lieber Kollege waren!
Nun wird Ihr Platz bei uns frei,
denn Ihre Zeit hier ist vorbei.
Wir wünschen für die Ruhezeit
Lebensmut, Glück und Gesundheit!

Alt werden will jeder,
älter werden niemand.
Sprichwort

* * * * *

Alte soll man ehren,
Junge soll man lehren,
Weise soll man fragen,
Narren vertragen.
Sprichwort

* * * * *

Dreifach ist der Schritt der Zeit:
Zögernd kommt
die Zukunft hergezogen,
pfeilschnell ist das Jetzt verflogen,
ewig still steht die Vergangenheit.
Friedrich von Schiller

* * * * *

Wenn die Erinnerung an die Jugend nicht wäre,
so würde man das Alter nicht verspüren;
nur, daß man das nicht mehr zu tun vermag,
was man ehemals vermochte,
macht die Krankheit aus.
Denn der Alte ist gewiß ein ebenso vollkommenes
Geschöpf in seiner Art wie der Jüngling.
Georg Christoph Lichtenberg

* * * * *

Die Herzensfreude ist dem Menschen Leben;
und Frohsinn mehret dem Menschen seine Lebenstage.
Jesus Sirach

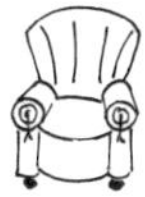

Doppelt lebt,
wer auch Vergangnes genießt.

Martial

* * * * *

Es ist des Menschen würdiger,
sich lachend über das Leben zu erheben,
als es zu beweinen.

Seneca

* * * * *

Ich werde älter und höre doch nicht auf,
immer noch viel zu lernen.

Solon

* * * * *

Die Tugend will nicht immer passen.
Im ganzen läßt sie etwas kalt,
und daß man eine unterlassen,
vergißt man bald.

Doch schmerzlich denkt manch alter Knaster,
der von vergangnen Zeiten träumt,
an die Gelegenheit zum Laster,
die er versäumt.

Wilhelm Busch

* * * * *

Humor ist der Schwimmgürtel auf dem Strom des Lebens.

Wilhelm Raabe

Wer sich heiter zu erhalten sucht,
der sorgt nicht bloß für sein Glück, sondern er übt wirklich eine Tugend. Denn die Heiterkeit, selbst die wehmütige, macht zu allem Guten aufgelegter und gibt dem Gemüt Kraft,
sich selbst mehr aufzuerlegen und mehr für andere zu leisten.

Wilhelm von Humboldt

* * * * *

Tao ist ewig Nicht-Tun,
und doch bleibt nichts ungetan.

Laotse

* * * * *

Freiwillig arbeiten ist schlimmer als Sklaverei.

Nigerianisches Sprichwort

* * * * *

Arbeit um der Arbeit willen ist gegen die Natur.

John Locke

Ostern

Die im Jahreslauf immer wiederkehrenden Feste sind gute Anlässe, Menschen, die man aus den Augen verloren hat oder die man sehr gern hat, mit einem Glückwunsch zu erfreuen. Suchen Sie nach Ihrem Gefühl aus, was für die Beglückwünschten am besten paßt.

O jauchze, Welt, du hast ihn wieder,
sein Himmel hielt ihn nicht zurück!
O jauchzet, singet Lieder!
Was dunkelst du, mein sel'ger Blick?

Es ist zu viel, man kann nur weinen,
die Freude steht wie Kummer da;
wer kann so großer Lust sich einen,
der all so große Trauer sah?

Unendlich Heil hab' ich erfahren
durch ein Geheimnis voller Schmerz,
wie es kein Menschensinn bewahren,
empfinden kann kein Menschenherz.

Vom Grabe ist mein Herr entstanden
und grüßet alle, die da sein;
und wir sind frei von Tod und Banden
und von der Sünde Moder rein.

Den eignen Leib hat er zerrissen,
zu waschen uns mit seinem Blut;
Wer kann um dies Geheimnis wissen
und schmelzen nicht in Liebesglut?

Annette von Droste-Hülshoff

* * * * *

Leise zieht durch mein Gemüt
liebliches Geläute.
Klingle, kleines Frühlingslied,
kling hinaus ins Weite!
Kling hinaus bis an das Haus,
wo die Blumen sprießen.
Wenn du eine Rose schaust,
sag, ich laß sie grüßen.

Heinrich Heine

Die Sonne geht im Osten auf,
der Osterhas' beginnt den Lauf.
Um seinen Korb voll Eier sitzen
drei Häslein, die die Ohren spitzen.
Der Osterhas' bringt just ein Ei –
da fliegt ein Schmetterling herbei.
Dahinter strahlt das blaue Meer
mit Sandstrand vorne und umher.
Der Osterhas' ist eben fertig –
das Kurtchen auch schon gegenwärtig!
Nesthäkchen findet – eins, zwei, drei,
ein rot, ein blau, ein lila Ei.
Ein Ei in jedem Blumenkelche!
Seht, seht, selbst hier, selbst dort sind welche!
Ermüdet leicht, im Morgenschein
schlief Kurtchen auf der Wiese ein.
Die Glocken läuten bim, bam, baum,
und Kurtchen lächelt zart im Traum.
Di di didl dum dei,
wir tanzen mit unsern Hasen,
umgefaßt, zwei und zwei,
auf schönem, grünem Rasen.

Christian Morgenstern

* * * * *

Der Du von den Himmeln bist,
alles Leid auf Erden stillest,
den, der doppelt elend ist,
doppelt mit Erquickung füllest;
ach, ich bin des Treibens müde!
Was soll all der Schmerz, die Lust?
Süßer Friede,
komm, ach komm in meine Brust!

Johann Wolfgang von Goethe

Nach diesen trüben Tagen,
wie ist so hell das Feld!
Zerrissene Wolken tragen
die Trauer aus der Welt.
Und Keim und Knospe mühen
sich an das Licht hervor,
und manche Blumen blühen
zum Himmel still empor.
Ja auch sogar die Eichen
und Reben werden grün.
O Herz, das sei den Zeichen:
Herz, werde froh und kühn!

Hoffmann von Fallersleben

* * * * *

Der linden Lüfte sind erwacht,
sie säuseln und weben an allen Enden.
O frischer Duft, o neuer Klang!
Nun, armes Herze, sei nicht bang!
Nun muß sich alles, alles wenden.
Die Welt wird schöner mit jedem Tag.
Man weiß nicht, was noch kommen mag.
Das Blühen will nicht enden.
Es blüht das fernste, tiefste Tal.
Nun, armes Herz, vergiß die Qual!
Nun muß sich alles, alles wenden.

Ludwig Uhland

* * * * *

Berge jauchzet, Hügel hüpfet
Atme Freude, was da lebt
Christus Jesus ist erstanden
Aus dem Grabe, Christus lebt!

Novalis

Wir stolzen Menschenkinder
sind eitel arme Sünder
und wissen gar nicht viel.
Wir spinnen Luftgespinste
und suchen viele Künste
und kommen weiter von dem Ziel.
Gott, laß uns dein Heil schauen,
auf nichts Vergänglichs trauen,
nicht Eitelkeit uns freun!
Laß uns einfältig werden
und vor Dir hier auf Erden
wie Kinder fromm und fröhlich sein.

Matthias Claudius

* * * * *

Warum ist Gott Mensch geworden?
Darum, daß ich als derselbe Gott geboren würde.
Darum ist Gott gestorben,
damit ich der ganzen Welt
und allem Geschaffenen absterbe.

Meister Eckart

* * * * *

Alles Gute, nur das Beste
wünschen wir zum hohen Osterfeste!
Es soll euch vor allen Dingen
Freude und Entspannung bringen!

Er ging hinauf unter dem grauen Laub
ganz grau und aufgelöst im Ölgelände
und legte seine Stirne voller Staub
tief in das Staubigsein der heißen Hände.

Nach allem dies. Und dieses war der Schluß.
Jetzt soll ich gehen, während ich erblinde,
und warum willst Du, daß ich sagen muß
Du seist, wenn ich Dich selber nicht mehr finde.

Ich finde Dich nicht mehr. Nicht in mir, nein.
Nicht in den andern. Nicht in diesem Stein.
Ich finde Dich nicht mehr. Ich bin allein.
Ich bin allein mit aller Menschen Gram,
den ich durch Dich zu lindern unternahm,
der Du nicht bist. O namenlose Scham ...

Später erzählte man: ein Engel kam –.

Warum ein Engel? Ach es kam die Nacht
und blätterte gleichgültig in den Bäumen.
Die Jünger rührten sich in ihren Träumen.
Warum ein Engel? Ach es kam die Nacht.

Die Nacht, die kam, war keine ungemeine;
so gehen hunderte vorbei.
Da schlafen Hunde und da liegen Steine.
Ach eine traurige, ach irgendeine,
die wartet, bis es wieder Morgen sei.

Denn Engel kommen nicht zu solchen Betern,
und Nächte werden nicht um solche groß.
Die Sich-Verlierenden läßt alles los,
und sie sind preisgegeben von den Vätern
und ausgeschlossen aus der Mütter Schoß.

Rainer Maria Rilke

Muttertag

Der Muttertag ist ein Brauch, der in Amerika entstand. Ein Tag im Jahr sollte der Ehrung der Mutter gewidmet werden. Seit 1914 ist der 2. Sonntag im Mai Staatsfeiertag in den USA; in Deutschland wurde der Tag in den Zwanziger Jahren dieses Jahrhunderts eingeführt.

Der Feiertag kann Sie inspirieren, mit einem kleinen Text oder einem Gedicht, Ihrer Mutter zu danken.

Du, Mama, sorgst mit mütterlicher Liebe
tagtäglich für unser frohes Kinderglück.
Darum herrscht bei uns so stiller Friede,
nur selten stören Streit und finstrer Blick.
Darum wollen wir Dich heut beschenken
unsre ganze Liebe auf Dich lenken!

* * * * *

Freudig komme ich und habe
Dich furchtbar lieb, Du Mutter mein.
Gerne bringe ich Dir eine Gabe,
sie soll Beweis meiner Liebe sein!

Sicher weiß ich, daß Dein Leben
von Gottes Engeln treu bewacht.
Denn all Dein Leben, all Dein Streben
hast Du Deiner Familie treu vermacht.

* * * * *

Gleich dem Frühling lache Dir das Leben,
Dir sollen nur Freud' und Blumen blühn.
Ein ewig blauer Himmel möge Dich umgeben
und keine düstren Wolken Deine Stirn umziehn!

* * * * *

Kein Vöglein sitzt im Nest aus Moos
so unendlich sicher und schön warm
als ich auf meiner Mutter Schoß
und in meiner Mutter Arm.
Und wenn mir wehtun Kopf und Fuß
vergeht sofort ein jeder Schmerz,
gibst Du mir einen dicken Kuß
und drückst mich an Dein Herz.

Wir wären nie gewaschen
und meistens nicht gekämmt,
die Strümpfe hätten Löcher
und schmutzig wär' das Hemd,
wir äßen Fisch mit Honig
und Blumenkohl mit Zimt,
wenn du nicht täglich sorgtest,
daß alles klappt und stimmt.

Wir hätten nasse Füße
und Zähne schwarz wie Ruß
und bis zu beiden Ohren
die Haut voll Pflaumenmus,
wir könnten auch nicht schlafen,
wenn du nicht nochmal kämst
und uns, bevor wir träumen,
in deine Arme nähmst.

Und trotzdem! Sind wir alle
auch manchmal eine Last:
Was wärst du ohne Kinder?
Sei froh, daß du uns hast.

Eva Rechlin

* * * * *

Mutterliebe, man nennt dich des Lebens Höchstes!
So wird denn jedem,
wie schnell er auch stirbt, dennoch sein Höchstes zuteil!

Friedrich Hebbel

* * * * *

Ohne Frauen würde es weder Tag noch Nacht.

Japanisches Sprichwort

Die Mutter trägt im Leibe das Kind
drei Vierteljahr;
Die Mutter trägt auf Armen das Kind
weil's schwach noch war;
Die Mutter trägt im Herzen die Kinder immerdar.

Friedrich von Logau

* * * * *

Hast du die Mutter gesehen, wenn sie süßen
Schlummer dem Liebling kauft mit eigenem Schlaf
und für das Träumende sorgt,
mit dem eigenen Leben ernährt die zitternde Flamme
und mit Sorge selbst sich für die Sorge belohnt?

Friedrich von Schiller

* * * * *

Krone des Lebens,
Glück ohne Ruh',
Liebe, bist du!

Johann Wolfgang von Goethe

* * * * *

Mutter, schallt es immerfort
und fast ohne Pause.
Mutter hier und Mutter dort
in dem ganzen Hause.
Überall zugleich zu sein,
ist ihr nicht gegeben.
Sonst wohl hätte sie, ich mein',
ein bequemes Leben.
Jedes ruft, und auf der Stell'
will sein Recht es kriegen.
Und sie kann doch nicht so schnell
wie die Schwalben fliegen!

Ich fürwahr bewundre sie,
daß sie noch kann lachen.
Was allein hat sie für Müh',
alle satt zu machen!
Kann nicht einen Augenblick
sich zu ruhn erlauben.
Und das hält sie gar für Glück!
Sollte man es glauben?

Johannes Trojan

* * * * *

Schmerz ist der Vater
und Liebe die Mutter der Weisheit.

Ludwig Börne

* * * * *

Zum heutigen frohen Feste
wünsch' ich von Herzen dir
das Schönste und das Beste
und deine Liebe mir.
Nimm meinen Wunsch
aus reinem Sinn
und treuer Liebe
freundlich hin!

Volksgut

* * * * *

Die Welt kann zwar durch die Kraft
des Mannes bewegt werden, gesegnet
aber im eigentlichen Sinne des Wortes
wird sie immer nur im Zeichen der Frau.

Gertrud von Le Fort

O Du, die mir die Liebste war,
Du schläfst nun schon so manches Jahr.
So manches Jahr, da ich allein,
Du gutes Herz, gedenk' ich Dein.

Gedenk' ich Dein, von Nacht umhüllt,
So tritt zu mir Dein treues Bild.
Dein treues Bild, was ich auch tu,
Es wirkt mir ab, es winkt mir zu.

Und scheint mein Wort Dir gar zu kühn,
Nicht gut mein Tun,
Du hast mir einst so oft verziehen,
Verzeih' auch nun.

Wilhelm Busch

* * * * *

Ein Festtag soll dich stärken
zu deines Werktags Werken,
daß du an dein Geschäfte
mitbringst frische Kräfte.
Du darfst nicht in den Freuden
die Kräfte selbst vergeuden;
neu sollen sie ersprießen
aus mächtigem Genießen.

Friedrich Rückert

Weihnachten

Weihnachten, das Fest der Geburt Jesu, ist eines der Hauptfeste der christlichen Kirche (25. Dezember) und in Deutschland das volkstümlichste Fest im Familienkreis. Zu den Festbräuchen gehören auch die Weihnachtspost in der Adventszeit und die Geschenke zum Fest. Vielleicht ist das für Sie eine Gelegenheit, jemanden mit einem Gedicht oder einem Vers zu einem Weihnachtsgruß oder Geschenk zu erfreuen.

Alle Tore stehen offen
heut der Freude. Laßt sie ein!
Möge Euer Streben, Hoffen
immerdar gesegnet sein!
Mögen nicht nur Weihnachtskerzen
hell erleuchten Euren Pfad.
Glücklich seien Eure Herzen!
Das ist es, was ich für Euch erbat.

*****

Das ist der Tag, an dem uns Gottes Liebe
erscheint in einem kleinen Kind.
Das ist der Tag, an dem für unsre Erde
die neue Zeit beginnt.

Johannes Jourdan

*****

Güte in den Worten
erzeugt Vertrauen.
Güte beim Denken
erzeugt Tiefe.
Güte beim Verschenken
erzeugt Liebe.

Laotse

*****

Es ist Gott wertvoller, daß er geistig
geboren werde von einer jeglichen Jungfrau
oder von einer jeglichen guten Seele,
als daß er leiblich von Maria geboren werde.

Meister Eckart

Ach, könnte nur dein Herz zu einer Krippe werden;
Gott würde noch einmal ein Kind auf dieser Erden.

Angelus Silesius

* * * * *

Es treibt der Wind im Winterwalde
die Flockenherde wie ein Hirt,
und manche Tanne ahnt, wie balde
sie fromm und lichterheilig wird.
Und lauscht hinaus. Den weißen Wegen
streckt sie die Zweige hin – bereit,
und wehrt dem Wind und wächst entgegen
der einen Nacht der Herrlichkeit.

Rainer Maria Rilke

* * * * *

Der Du von Himmeln bist,
alles Leid auf Erden stillest,
den, der doppelt elend ist,
doppelt mit Erquickung füllest;
ach ich bin des Treibens müde!
Was soll all der Schmerz, die Lust?
Süßer Friede,
komm, ach komm in meine Brust.

Johann Wolfgang von Goethe

* * * * *

Wenn sich das Jahr geändert, und der Schimmer
Der prächtigen Natur vorüber, blühet nimmer
Der Glanz der Jahreszeit, und schneller eilen
Die Tage dann vorbei, die langsam auch verweilen.

Hölderlin

Still, o Erden, still o Himmel!
Euer Gott liegt in der Ruh!
Still o Meer, mit dei'm Getümmel,
schließe deine Schranken zu!
Hier liegt er, ganz ohn' Verhoffen,
ist vom Pfeil der Lieb' getroffen,
hier liegt er, ganz schwach und matt,
auf der harten Liegerstatt.

Da ich dich hier sehe liegen
auf dem Stroh und harten Bett,
mache du mein Herz zur Wiegen,
welches dir schon offen steht.
Schlafe, Jesu, schlafe süße,
und jetzt deine Ruh' genieße,
schlafe, Jesu, schlafe süß,
und jetzt deine Ruh' genieß'.

Bayrisches Volkslied

* * * * *

Felsenharte Bethlehemiten!
Wie könnt ihr so grausam sein!
Und Marien auf ihr Bitten
nicht den kleinsten Platz verleihn!

Will denn niemand sich erbarmen?
O Maria komm zu mir!
Nimm die Herberg' bei mir Armen!
Offen steht des Herzens Tür!

Tölzer Volkslied

Silvester und Neujahr

Der Jahreswechsel und der Beginn des neuen Jahres sind immer wieder Gelegenheiten, jemanden mit nachdenklichen oder humorvollen Versen zu beglücken.

Das neue Jahr bring' Dir nur Freude,
viel neue Hoffnung, frischen Mut!
Dies alles wünsche ich Dir heute
und hoffe, es wird für uns alle gut.
Und wenn einmal kommen schwere Tage,
wünsch' ich Dir Kraft, diese Plage
zu tragen so leicht wie ein kleines Kind,
das immer recht heiter und froh ist gesinnt.

*****

Das neue Jahr hat grad begonnen,
die ersten Vorsätze sind zerronnen.
Was soll's! Es gibt jetzt kein Zurück!
Zum Neuen viel Erfolg und Glück!

*****

Ein Jahr ist nichts, wenn man's verputzt,
ein Jahr ist viel, wenn man es nutzt.
Ein Jahr ist nichts, wenn man's verflacht,
ein Jahr war viel, wenn man es ganz durchdacht.
Ein Jahr war viel, wenn man es ganz gelebt,
in eigenem Sinn genossen und gestrebt.
Das Jahr war nichts, bei aller Freude tot,
das uns im Innern nicht Neues bot.
Das Jahr war viel, in allem Leide reich,
das uns getroffen mit des Geistes Streich.
Ein leeres Jahr war kurz, ein volles lang:
nur nach dem Vollen mißt des Lebens Gang.
Ein leeres Jahr ist Wahn, ein volles wahr.
Sei jedem voll dies gute, neue Jahr.

Froh laßt uns dies Jahr beschließen,
was auch immer es gebracht!
Wollte uns manches auch vermiesen,
haben wir doch viel gelacht.
Froh laßt uns ins neue schauen,
daß es uns nur Gutes bringt!
Laßt uns voll darauf vertrauen,
daß uns alles wohl gelingt,
was wir planen, was wir hoffen.
Golden steh' die Zukunft offen!
Fördern soll es unser Streben,
bannen soll es Not und Beben.

* * * * *

Ich bringe Euch zum neuen Jahr
die allerbesten Wünsche dar
und hoffe, daß es bis zum Ende
Euch lauter gute Tage sende!

* * * * *

Ich wünsch' Dir so viel gute Zeit,
als Sand im breiten Meere leit.
Es soll Dir so viel gut ergehn,
als Sternlein an dem Himmel stehn.
Es soll Dich Gott sovielmal segnen,
als Tröpflein in sieben Jahren regnen.

* * * * *

Ich wünsch' Euch für das nächste Jahr
ein Christkind mit krausem Haar.
Ich wünsch' Euch ein goldnes Bett
und drumherum viel Rosenstöck
und mittendrin den heiligen Geist,
der Euch einmal in den Himmel weist.

Ich wünsche Dir
hin und wieder eine Stunde,
in der Du den Reichtum erkennst,
den Dir Dein Leben gegeben hat.

* * * * *

Niemand kann es sicher wissen,
was es bringt, das neue Jahr.
Ob wir Not durchmachen müssen,
ob Krankheit droht oder Gefahr.
Entscheidend, wie's für uns wird sein,
ist, was man daraus macht:
Dem Traurigen wird schwer die Pein,
dem Mutigen hilft jederzeit sein Lachen.
Laßt euch von Ahnungen nicht verdrießen,
sondern lieber froh das neue Jahr begrüßen.

* * * * *

Prost Neujahr – rufen wir nun aus.
Das neue Jahr bringt Glück ins Haus!
Was wir im alten falsch getan,
das fangen wir von neuem an
mit Glauben, Lieben, Hoffen.

* * * * *

Im Himmel, im Himmel
ist ein goldener Tisch.
Da sitzen die Engel
bei Fleisch und bei Fisch.
Im Himmel, im Himmel
ist ein goldener Thron.
Gott geb euch, Gott geb euch
den Himmel zum Lohn.
Aus der Schweiz

Wir wünschen dem Herrn einen reichen Tisch,
auf allen vier Enden einen gebratenen Fisch.
Wir wünschen der Frau eine goldene Kron'
und übers Jahr einen jungen Sohn.
Wir wünschen dem Sohn einen weißen Schimmel,
daß er kann reiten bis in den Himmel.
Wir wünschen der Tochter ein goldenes Geschnür
und übers Jahr einen feschen Offizier.
Wir wünschen der Köchin den Besen zur Hand,
daß sie kann kehren die Dielen und Wand.

* * * * *

Wohlthun sey Dein Januar,
Menschenpflicht Dein Februar,
Hoffnung jener Welt Dein März,
Niemals ein April Dein Herz,
Immer sey Dein Leben May,
Rosig schwimm Dein Jun vorbei,
Kühlend sey Dein Julius,
Dein Augustus Überfluß,
Im September halte ein,
Dein Oktober habe Wein,
Dein November Lebensgluth,
Dann spricht Dein December: Gut!

* * * * *

Wir danken Gott für seine Gnad',
mit der er uns behütet hat,
und bitten, daß er im neuen Jahr
vor allem Leid uns auch bewahr.

Aus Österreich

Ein neues Jahr! Tritt froh hinein
mit aller Welt in Frieden!
Vergiß, wieviel der Plag und Pein
das alte Jahr beschieden.
Du lebst, sei dankbar, froh und klug,
und wenn drei bösen Tagen
ein guter folgt, sei stark genug,
sie alle vier zu tragen.

Vertrau auf Gott und eigne Kraft
und nicht auf fremde Mächte,
wer jeden Tag das Rechte schafft,
der schafft im Jahr das Rechte.
Es frommt nicht, daß du zagst und klagst:
wenn rückwärts ohne Reue
ins alte Jahr du blicken magst,
so sieh' mit Mut ins neue.

Das neue Jahr, es gibt und nimmt,
drum leg in dessen Hände,
der Welt Ziel und Zeit bestimmt,
den Anfang und das Ende.
Trag du mit Freuden deine Last
und laß dich's nicht verdrießen:
Wenn du mit Gott begonnen hast,
kannst du mit Gott beschließen.

Altöttinger Franziskus-Kalender 1937

* * * * *

Wie Gott dich jetzt findet,
so nimmt und empfängt er dich,
nicht als das, was du gewesen,
sondern als das, was du jetzt bist.

Meister Eckart

Er ruft der Sonn und schafft dem Mond,
das Jahr danach zu teilen.
Er schafft es, daß man sicher wohnt
und heißt die Zeiten eilen.
Er ordnet Jahre, Tag und Nacht:
Ach laß uns ihm, dem Gott der Macht,
Ruhm, Preis und Dank erteilen!
Herr, der da ist und der da war,
von dankerfüllten Zungen
sei dir für das verflossene Jahr
ein heilig Lied gesungen
für Leben, Wohlfahrt, Trost und Rat,
die uns durch dich gelungen.
Laß auch dies Jahr gesegnet sein,
das du uns neu gegeben.
Verleih' uns Kraft, die Kraft ist dein,
in deiner Furcht zu leben.
Du schützest uns und du vermehrst
der Menschen Glück, wenn sie zuerst
nach deinem Reiche streben.

Christian Fürchtegott Gellert

* * * * *

Nicht durch Zorn, sondern durch Lachen tötet man.
Auf, laßt uns den Geist der Schwere töten!

Friedrich Nietzsche

* * * * *

Am Abend wird man klug
für den vergangnen Tag,
doch niemals klug genug
für den, der kommen mag.

Friedrich Rückert

Nicht vom letzten Schlittengleise
Bis zum neuen Flockentraum
Zähl' ich auf der Lebensreise
Den erfüllten Jahresraum.

Nicht vom ersten frischen Singen,
Das im Wald geboren ist,
Bis die Zweige wieder klingen,
Dauert mir die Jahresfrist.

Von der Kelter nicht zur Kelter
Dreht sich mir des Jahres Schwung,
Nein, in Flammen werd' ich älter
Und in Flammen wieder jung.

Von dem ersten Blitze heuer,
Der aus dunkler Wolke sprang,
Bis zu neuem Himmelsfeuer
Rechne ich meinen Jahresgang.

Conrad Ferdinand Meyer

* * * * *

Wie heimlicherweise
ein Englein leise
mit rosigen Füßen
die Erde betritt,
so nahte der Morgen.
Jauchzt ihm, ihr Frommen,
ein heilig Willkommen,
ein heilig Willkommen!
Herz, jauchze du mit!
In ihm sei's begonnen,
der Mond und Sonnen
an blauen Gezelten
des Himmels bewegt.
Du, Vater, du rate!

Lenke du und wende!
Herr, dir in die Hände
sei Anfang und Ende,
sei alles gelegt!

Eduard Mörike

* * * * *

Zum neuen Jahr
hab' ich der Wünsche eine Schar
und bringe bunt gemischt sie dar,
wie sie der lose Reim gebar.
Ich wünsche dem verliebten Paar
gebahnten Weg zum Traualtar,
dem Kahlkopf reich gelocktes Haar,
dem Pilger, daß er glücklich fahr',
dem Kindlein, daß es Gott bewahr,
Kundschaften fette dem Notar,
dem Trinker Rheinwein alt und klar,
dem Geizhals Tonnen Goldes bar,
ein Landgericht dem Aktuar,
die Bischofsmütze dem Vikar,
der Blinde seh' gleich einem Aar.
Kurz, mit dem ersten Januar
verschwinde jegliche Gefahr
vom Erdenrunde ganz und gar,
das Gute bleib' nur immerdar!
Dies wünsche ich zum neuen Jahr,
und was ich wünsche – werde wahr!

Fliegende Blätter

* * * * *

Eltern, die ich zärtlich ehre,
mein Herz ist heut voll Dankbarkeit.
Der treue Gott dies Jahr vermehre,
was Euch erquickt zu jeder Zeit!

Der Herr, die Quelle aller Freude,
verbleibe euer Trost und Teil;
sein Wort sei eures Herzens Weide
und Jesus das erwünschte Heil.
Ich dank' für alle Liebesproben,
für alle Sorgfalt und Geduld,
mein Herz soll alle Güte loben
und trösten sich stets eurer Huld.
Gehorsam, Fleiß und zarte Liebe
verspreche ich auch dieses Jahr.
Der Herr schenk' mir nur gute Triebe
und mache all mein Wünschen wahr.
Amen.

Friedrich von Schiller

* * * * *

In der Wünsche Blütenzeit,
wo die Wünsche, gleich Gedanken,
zollfrei sind und ohne Schranken,
hätt' ich manchen Wunsch bereit:
Für das Wohl der weiten Welt,
für die groß und kleinen Staaten,
und daß durch der Herrscher Taten
Fried' und Eintracht sich erhält.
Segen dann für unsre Stadt,
ihre Schützer und Berater,
jeden Bürger, Hausherrn, Vater,
und wer was zu sagen hat.
Zum Beschlusse möcht' ich wohl
einen Wunsch mir selber gönnen.
Da ihn meine Gönner kennen,
schweig' ich, guter Hoffnung voll!

Friedrich Wilhelm Riemer

Das alte Jahr vergangen ist,
das neue Jahr beginnt.
Wir danken Gott zu dieser Frist.
Wohl uns, daß wir noch sind!
Wir sehn aufs alte Jahr zurück
und haben neuen Mut:
Ein neues Jahr, ein neues Glück.
Die Zeit ist immer gut.
Ein neues Jahr, ein neues Glück.
Wir ziehen froh hinein.
Und: Vorwärts, vorwärts, nie zurück!
soll unsre Losung sein.

Hoffmann von Fallersleben

* * * * *

Gut ist der Vorsatz, aber die Erfüllung schwer.

Johann Wolfgang von Goethe

* * * * *

Zum neuen Jahr ein neues Herze,
ein frisches Blatt um Lebensbuch.
Die alte Schuld sei ausgestrichen
und ausgetilgt der alte Fluch.

Zum neuen Jahr ein neues Herze,
ein frisches Blatt im Lebensbuch!
Zum neuen Jahr ein neues Hoffen!
Die Erde wird noch immer wieder grün.
Auch dieser März bringt Lerchenlieder.
Auch dieser Mai bringt Rosen wieder.
Auch dieses Jahr läßt Freuden blühn.
Zum neuen Jahr ein neues Hoffen.
Die Erde wird noch immer grün.

Karl Gerok

Mit der Freude zieht der Schmerz
traulich durch die Zeiten.
Schwere Stürme, milde Weste,
bange Sorgen, frohe Feste
wandeln sich zur Seiten.

Und wo eine Träne fällt,
blüht auch eine Rose.
Schon gemischt, noch eh wir's bitten,
ist für Throne und für Hütten
Schmerz und Lust im Lose.

War's nicht so im alten Jahr?
Wird's im neuen enden?
Sonnen wallen auf und nieder,
Wolken gehn und kommen wieder,
und kein Wunsch wird's wenden.

Gebe denn, der über uns
wägt mit rechter Waage,
jedem Sinn für seine Freuden,
jedem Mut für seine Leiden
in die neuen Tage.

Jedem auf des Lebens Pfad
einen Freund zur Seite,
ein zufriedenes Gemüte;
und zu stiller Herzensgüte
Hoffnung ins Geleite!

Johann Peter Hebel

* * * * *

Habe ich nicht den Mut, besser zu sein als meine Zeit,
so mag ich zerknirscht das Schimpfen lassen,
denn keine Zeit ist durchaus schlecht.

Joseph von Eichendorff

Einen vollen Beutel in dem Sack,
Einen guten Knaster von Tabak
Einen vollen Krug mit frischem Bier
Wünsch' ich, mein Freund, tagtäglich dir.

Neujahrswunsch aus Südmähren

* * * * *

Und wieder hier draußen ein neues Jahr.
Was werden die Tage bringen?
Wird's werden, wie es immer war,
halb scheitern, halb gelingen?
Wird's fördern das, worauf ich gebaut,
oder vollends es verderben?
Gleichviel, was es im Kessel braut,
oder vollends es verderben?
Gleichviel, was es im Kessel braut,
nur wünsch' ich nicht zu sterben.
Ich möchte noch wieder im Vaterland
die Gläser klingen lassen
und wieder noch des Freundes Hand
im Einverständnis fassen.
Ich möchte noch wirken und schaffen und tun
und atmen eine Weile,
denn um im Grabe auszuruhn,
hat's nimmer Not und Eile.
Ich möchte leben, bis all dies Glühn
'rückläßt einen leuchtenden Funken
und nicht vergeht wie die Flamm' im Kamin,
die eben zu Asche gesunken.

Theodor Fontane

* * * * *

Jede Minute, die man lacht,
verlängert das Leben.

Chinesisches Sprichwort

Wieder hat ein neues Jahr
für uns alle heut begonnen.
Und das alte, nun zerronnen.
Sei bedankt für das, was war.
Freunde gab es uns und Schmerz,
Regentage, Sonnenstunden.
Und – im Geist mit euch verbunden –
ist voll Hoffnung unser Herz.
Auch in Zukunft wollen wir
wie in den vergangnen Jahren
gute Freundschaft treu bewahren,
denn sie ist das Beste hier!

Renée Christian-Hildebrandt

* * * * *

Es schenke Euch der Januar
und ebenso der Februar
und auch der Frühlingsbote März
Gesundheit und ein frohes Herz!
Dann führen Euch April und Mai
die schönste Frühlingszeit herbei.
Im Juni, Juli und August
erfreuet Euch an Sommerlust.
September- und Oktoberzeit
vergehe Euch in Freudigkeit.
November lasse sich ertragen,
denn mögt Ihr im Dezember sagen
als Lob und Preis des ganzen Jahres:
Gottlob, recht schön und glücklich war es!

Sprichwort

Es kommt das Leid,
Es geht die Freud',
Es kommt die Freud',
Da geht das Leid –
Die Tage sind nimmer dieselben.

Theodor Storm

* * * * *

Gott schicke den Tyrannen Läuse,
den Einsamen Hunde,
den Kindern Schmetterlinge,
den Frauen Nerze,
den Männern Wildschweine,
uns allen aber einen Adler,
der uns auf seinen Fittichen
zu ihm trägt.

Ukrainisches Sprichwort

* * * * *

Das Jahr ist nun zu Ende,
doch Deine Liebe nicht;
noch segnen Deine Hände,
noch scheint Dein Gnadenlicht.

Du heilest allen Schaden,
hilfst mir aus der Gefahr,
Du siehst mich an in Gnaden,
auch in dem neuen Jahr.

Ein neues Jahr nimmt seinen Lauf.
Die junge Sonne steigt herauf.
Bald schmilzt der Schnee, bald taut das Eis.
Bald schwillt die Knospe schon am Reis.
Bald werden die Wiesen voll Blumen sein,
die Äcker voll Korn, die Hügel voll Wein.

Volksgut

* * * * *

Das alte Jahr gar schnell entwich.
Es konnt' sich kaum gedulden
Und ließ mit Freuden hinter sich
Den dicken Sack voll Schulden.

Wilhelm Busch

* * * * *

Ich wünsch' euch ein glückliches neues Jahr,
das alte ist schon gar,
das neue ist im Lauf.
Macht den Geldbeutel auf.

Aus Österreich

* * * * *

Das Jahrhundert ist vorgerückt; jeder
einzelne aber fängt doch von vorne an.

Johann Wolfgang von Goethe

Verschiedene Gelegenheiten

Schmökern Sie nach Lust und Laune in diesem Kapitel, aber auch in den vorangegangenen, herum, wenn Sie nach einem Glückwunsch suchen, der zu einer Gelegenheit paßt, die bislang nicht eigens erwähnt wurde. Viele Sinnsprüche und Gedichte lassen sich auf mehrere Anlässe übertragen. Sie sind aber grundsätzlich nur einmal dort aufgeführt, wo sie am besten „passen“.

Glücklich ist, wer sein Schicksal nie als Schlag empfindet,
sondern als Chance, sein Leben zu gestalten.

*****

Soviel Stern' am Himmel stehen,
Soviel Schäflein, als da gehen
In dem grünen Feld,

Soviel Vöglein, als da fliegen,
Als da hin und wieder fliegen,
So vielmal seist Du gegrüßt!

*****

Jede Gabe ist ein Geschenk Gottes,
der Charakter aber ist ein Produkt der eigenen Seele,
weshalb Gaben entzücken,
Charaktere aber geliebt werden.

Adalbert Stifter

*****

Nicht für die kurze Zeit –
Freundschaft ist für die Ewigkeit!

Aus „Des Knaben Wunderhorn"

*****

Man kann die Menschen entbehren,
aber man bedarf eines Freundes.

Chinesische Weisheit

Irdische Güter sind nicht immer unser Verdienst,
sondern oft Geschenke eines blinden Zufalls.
Freundschaft jedoch, die sich bewährt und dauert,
ist ein verdientes Glück.
Deshalb ist sie nur unter Menschen möglich,
die Nächstenliebe besitzen und nicht nur an
ihren eigenen Vorteil denken.

Cicero

* * * * *

Von allen Dingen, die das Glück des Lebens ausmachen,
schenkt die Freundschaft uns den größten Reichtum.

Epikur

* * * * *

Schön ist, Mutter Natur, deiner Erfindung Pracht,
auf die Fluren verstreut, schöner ein froh' Gesicht,
das den großen Gedanken deiner Schöpfung noch einmal denkt.

Aber süßer ist noch, schöner und reizender,
in dem Arme des Freundes wissen ein Freund zu sein,
so das Leben genießen, nicht unwürdig in Ewigkeit!

Friedrich Gottlieb Klopstock

* * * * *

Also will es die Art edler Seelen:
Sie wollen nichts umsonst haben,
am wenigsten das Leben.
Allein der Unedle will umsonst leben.

Friedrich Nietzsche

Es ist eine rechte Gottesgabe
um einen weisen und sorgfältigen Freund.
Friedrich von Schiller

* * * * *

Heiterkeit ist der Himmel,
unter dem alles gedeiht.
Jean Paul

* * * * *

Wenn der Mensch sich selbst bleibt,
bleibt ihm viel.
Johann Wolfgang von Goethe

* * * * *

Das Wesen der Freundschaft:
sich aufrichtig Ermahnungen geben
und sich einander auf den guten Weg führen.
Konfuzius

* * * * *

Vergiß nicht – man benötigt nur wenig,
um ein glückliches Leben zu führen.
Marc Aurel

* * * * *

Eine gescheite Frau hat Millionen geborener Feinde:
– alle dummen Männer.
Marie von Ebner-Eschenbach

Freundschaft besteht darin,
daß man einander nie im Stich läßt.

Mongolisches Sprichwort

* * * * *

Jedermann kann für die Leiden eines Freundes
Mitgefühl aufbringen.
Es bedarf aber eines wirklich edlen Charakters,
um sich über die Erfolge eines Freundes zu freuen.

Oscar Wilde

* * * * *

Glück ist, Freunde zu haben.

Schottisches Sprichwort

* * * * *

Es sollt' ein Freund
des Freundes Schwächen tragen.

Shakespeare

* * * * *

Wahres Glück wird nicht geringer,
wenn man es den anderen freigiebig zuteil werden läßt.

Theodor Fontane

* * * * *

Laß dich nicht ängstigen, nichts dich erschrecken!
Alles geht vorüber, Gott allein bleibt derselbe.
Wer Gott hat, der hat alles. Gott allein genügt.

Theresia von Avila

Es ist ziemlich hart, das Glück nie erreicht zu haben;
sehr viel härter aber ist, es wieder zu verlieren.
Xenophon

*****

Genieße froh des Lebens Freuden,
entbehre gern, was Du nicht hast.
Ein jeder Mensch hat seine Leiden,
ein jedes Leben seine Last.

*****

In meinem Garten find' ich
Viel Blumen, schön und fein,
Viel Kränze wohl daraus wind' ich,
Und tausend Gedanken bind' ich
Und Grüße auch darein.

*****

Jeder Mensch hat seine guten Seiten,
man muß nur die schlechten umblättern!

*****

Verlerne nie, so schön zu lachen,
so wie Du jetzt lachst, froh und frei.
Denn ein Leben ohne Lachen
ist wie ein Frühling ohne Mai.

*****

Wer nach einer hilfreichen Hand Ausschau halten will, findet sie am besten am Ende des eigenen Armes.

Fest bewahre dir die Treue,
Lebe, wie's dir Gott gegeben.
Das ist ja die Weisheit eben,
Und das weiß ein jeder Christ,
Bleibe jeder, der er ist.
Liebe, liebliche Natur,
Du verlörest immer nur,
Bleibe du ja, wie du bist.

Adelbert von Chamisso

* * * * *

Die Liebe ist ein Kind der Ewigkeit.
Sie verwischt die Erinnerung an den
Anfang und nimmt die Angst vor dem Ende.

Anna Louise Germaine von Staël-Holstein

* * * * *

Wer nach seiner
Überzeugung handelt,
und sei sie noch so mangelhaft,
kann nie ganz zugrunde gehen,
wogegen nichts seelentötender
wirkt als gegen das innere
Rechtsgefühl das äußere Recht in
Anspruch zu nehmen.

Annette von Droste-Hülshoff

* * * * *

Die Heiterkeit allein ist gleichsam die
bare Münze des Glücks und nicht,
wie alles andere, bloß der Bankzettel;
weil nur sie unmittelbar in der Gegenwart beglückt.

Arthur Schopenhauer

Setze deine Hoffnung auf das Höchste, dort entzündet sich deine Liebe. Von dort erbitte deine Kraft, dort erwarte Lohn. Wenn wir uns gern mühen und freudig unsern Dienst verrichten, dann besitzen wir die Weite.

Augustinus

* * * * *

Doch wenn ein Mensch das Gute tut,
dann tu er es auch fort und fort
und finde seine Freude dran:
des Guten Ende ist das Glück.

Buddhistische Weisheit

* * * * *

Hab' Sonne im Herzen,
ob's stürmt oder schneit,
ob der Himmel voll Wolken
oder die Erde voll Streit.
Hab' Sonne im Herzen,
dann komme, was mag,
es leuchtet voll Licht Dir
der dunkelste Tag.

Cäsar Flaischlen

* * * * *

Gedanken, weisheitsvoll,
wenn ich sie jemals hab'!
Sie brachen immer mir
beim Bleistiftspitzen ab!

Carl Spitzweg

Wer das Gute, Schöne und Wahre
in seinem Herzen wohl begründet hat,
dem wird es so leicht nicht entrissen werden.

Chinesische Weisheit

* * * * *

Wer das Leben recht erkennt,
Wird kein Glück verpassen,
Und solang' der Mond ihm glänzt,
Nicht den Goldkrug lassen.

Gaben, die der Himmel gab,
Muß man recht verwenden,
Jedes Goldstück kommt zurück,
Das wir so verschwenden.

Chinesische Weisheit

* * * * *

Eine verlorne Schlacht läßt sich durch eine gewonnene wieder ersetzen, ein verfehltes Werk läßt sich verbessern, aber eines ist, das sich nicht mehr herstellen läßt, wenn es einmal abgewiesen worden ist: die Autorität.

Franz Grillparzer

* * * * *

Man hat nur dann ein Herz,
wenn man es hat für andere.

Friedrich Hebbel

* * * * *

Lernen wir besser uns freuen,
so verlernen wir am besten, anderen wehe zu tun.

Friedrich Nietzsche

Der Teufel hat die Welt verlassen, weil er weiß,
die Menschen machen selbst die Höll' einander heiß.

Friedrich Rückert

* * * * *

Je mehr man schon weiß, je mehr hat man noch zu lernen.
Mit dem Wissen nimmt das Nichtwissen in gleichem Grade zu,
oder vielmehr das Wissen des Nichtwissens.

Friedrich Schlegel

* * * * *

Es reden und träumen die Menschen viel
von bessern Tagen;
nach einem glücklichen, goldenen Ziel
sieht man sie rennen und jagen.
Die Welt wird alt und wieder jung,
doch der Mensch hofft immer Verbesserung.
Die Hoffnung führt ihn ins Leben ein.
Sie umflattert den fröhlichen Knaben.
Den Jüngling begeistert ihr Zauberschein.
Sie wird mit dem Greis nicht begraben.
Denn, beschließt er im Grabe den müden Lauf,
noch am Grabe pflanzt er die Hoffnung auf.
Es ist kein leerer, schmeichelnder Wahn,
erzeugt im Gehirne des Toren.
Im Herzen kündet es laut sich an:
zu was Besserm sind wir geboren!
Und was die innere Stimme spricht,
das täuscht die hoffende Seele nicht.

Friedrich von Schiller

Fehler schließen Vorsatz und Tücke aus;
– daher müssen alle Fehler allen zu verzeihen sein.

Gotthold Ephraim Lessing

* * * * *

Das Leben eines Menschen ist
ein von Gotteshand geschriebenes Märchen.

Hans Christian Andersen

* * * * *

Glücklich der Mann, der den Hafen erreicht hat,
Und hinter sich ließ das Meer und die Stürme,
Und jetzt warm und ruhig sitzt
Im guten Ratskeller zu Bremen.

Wie doch die Welt so traulich und lieblich
Im Römerglas sich widerspiegelt,
Und wie der wogende Mikrokosmos
Sonnig hinabfließt ins durstige Herz!
Alles erblick' ich im Glas,
Alte und neue Völkergeschichte,
Türken und Griechen, Hegel und Gans,
Zitronenwälder und Wachtparaden,
Berlin und Schildas und Tunis und Hamburg,
Vor allem aber das Bild der Geliebten,
Das Engelköpfchen und Rheingoldgrund.
Oh, wie schön! wie schön du bist, Geliebte!

Heinrich Heine

* * * * *

Der höchste Weg
ist nicht schwierig,
nur ohne Wahl.

Weisheit des Zen

Frauen stünde Gelehrtsein nicht?
Die Wahrheit zu sagen,
es steht Männern so wenig wie Frauen.

Heinrich von Kleist

*****

Sorge nicht um das, was kommen wird. Weine nicht um das, was vergeht. Aber sorge, dich nicht selbst zu verlieren, und weine, wenn du dahintreibst im Strom der Zeit, ohne den Himmel in dir zu tragen.

Friedrich Schleiermacher

*****

Ein Alter liebt die Taler; ein Junger liebt sie auch;
Nur jener zum Verstecken, und dieser zum Gebrauch.

Friedrich von Logau

*****

Der Optimismus ist die Harmonie zwischen dem Geiste und dem verheißenden Geiste Gottes.

Helen Keller

*****

Freundschaft ist ein Zustand, der besteht, wenn jeder Freund glaubt, dem anderen gegenüber eine leichte Überlegenheit zu haben.

Honoré de Balzac

Genieß' die Gegenwart mit frohem Sinn,
sorglos, was dir die Zukunft bringen werde;
doch nimm auch bittern Kelch mit Lächeln hin, –
vollkommen ist kein Glück auf dieser Erde.

Horaz

* * * * *

Wem Ewigkeit wie Zeit
und Zeit wie Ewigkeit,
der ist befreit von allem Streit.

Jakob Böhme

* * * * *

Heiterkeit und Freudigkeit ist der Himmel,
unter dem alles gedeiht.

Jean Paul

* * * * *

Tapfer ist der Löwensieger,
tapfer ist der Weltbezwinger,
tapfrer, wer sich selbst bezwang.

Johann Gottfried Herder

* * * * *

Reich oder arm –
das Schicksal findet
bei jedem
das Fleckl heraus,
wo er
kitzlig ist.

Johann Nepomuk Nestroy

Die Menschen sind, trotz all ihren Mängeln,
das Liebenswürdigste, was es gibt.

Johann Wolfgang von Goethe

*****

Der Mensch lebt durch Geradheit.
Ohne sie lebt er von glücklichen Zufällen und Ausweichen.

Konfuzius

*****

Des Lebens Kunst ist leicht zu lernen und zu lehren;
du mußt vom Schicksal nie zu viel begehren;
der, welchem ein bescheidnes Los genügt,
hat einen Schatz, der nie versiegt.
Dem Unersättlichen in jeglichem Genuß,
wird selbst das Glück zum Überdruß.

Ludwig Bechstein

*****

Doch, was alle Freundschaft bindet,
ist, wenn Geist zu Geist sich findet.

Ludwig Uhland

*****

Laß dich durch das Zukünftige nicht
anfechten! Du wirst, wenn es nötig ist,
schon hinkommen, getragen von
derselben Geisteskraft, die dich das
Gegenwärtige beherrschen läßt.

Marc Aurel

Der Gescheitere gibt nach!
Eine traurige Wahrheit;
sie begründet die Weltherrschaft der Dummheit.

Marie von Ebner-Eschenbach

* * * * *

Viktoria! Viktoria!
Der kleine, weiße Zahn ist da.
Du, Mutter! komm, und groß und klein
Im Hause! kommt und guckt hinein
Und seht den hellen weißen Schein.

Matthias Claudius

* * * * *

Gewiß, Gebote gibt's, die uns, so scheint es, binden;
doch weiß ein kluger Kopf sich damit abzufinden.
Sehr dehnbar ist zum Glück das menschliche Gewissen,
drum findet sich auch stets ein Weg zu Kompromissen.

Molière

* * * * *

Es ist halt schön,
wenn wir die Freunde kommen sehen,
schön ist es ferner, wenn sie bleiben
und sich mit uns die Zeit vertreiben,
wenn sie dann schließlich wieder gehn,
freuen wir uns aufs Wiedersehen.

Wilhelm Busch

* * * * *

Zum Leben benötigt man Verstand oder einen Strick.

Diogenes von Sinope

Der Reichtum besteht nicht im Besitz
von Schätzen, sondern in der
Anwendung, die man von ihnen zu
machen versteht.

Napoleon I.

* * * * *

Kraft ist die Materie der Stoffe.
Seele ist die Kraft der Kräfte.
Geist ist die Seele der Seelen.
Gott ist der Geist der Geister.

Novalis

* * * * *

Überall herrscht der Zufall.
Laß deine Angel nur hängen;
wo Du's am wenigsten glaubst,
sitzet im Strudel der Fisch.

Ovid

* * * * *

Glücklich sind die Menschen,
wenn sie haben, was gut für sie ist.

Sokrates

* * * * *

Ein fröhlich Herz tut auch dem Körper gut;
den Leib dörrt aus ein kummervoll Gemüt.

Sprüche

Sei heiter!
Es ist gescheiter
als alles Gegrübel.
Gott hilft weiter:
Zur Himmelsleiter
werden die Übel.

Theodor Fontane

* * * * *

Herr, schenke mir Sinn für Humor,
gib mir die Gnade, einen Scherz zu verstehen,
damit ich ein wenig Glück kenne im Leben
und anderen davon mitteile.

Thomas Morus

* * * * *

Hohe Gedanken entspringen der Tiefe des Herzens.

Weisheit aus China

* * * * *

Mit Recht erscheint uns das Klavier,
Wenn's schön poliert, als Zimmerzier.
Ob's außerdem Genuß verschafft,
Bleibt hin und wieder zweifelhaft.

Wilhelm Busch

* * * * *

Mir steht das Motto aus dem Sophokles
über meinem ganzen Lebenswerk.
Nicht mitzuhassen, sondern mitzulieben bin ich da.

Wilhelm Raabe

Im Grunde sind es immer die Verbindungen
mit Menschen,
die dem Leben seinen Wert geben.

Wilhelm von Humboldt

* * * * *

Laß dir an dem Bewußtsein genügen, deine Pflicht getan zu haben! Andere mögen es erkennen oder nicht.

Christoph Martin Wieland

* * * * *

Verlange nicht, daß alles, was geschieht,
nach deinem Willen geschehe, sondern wünsche,
daß es so geschehe, wie es geschieht –
und du wirst glücklich sein!

Epiktet

* * * * *

Wer freudig tut und sich des Getanen freut, ist glücklich.

Johann Wolfgang von Goethe

* * * * *

Humor ist keine Gabe des Geistes,
er ist eine Gabe des Herzens.

Ludwig Börne

* * * * *

Das ist eben das Arge am Unverstande, daß er,
ohne schön und gut und vernünftig zu sein,
doch sich selbst ganz genug zu sein dünkt.

Platon

Ist auch dein Reden Gold und gülden deine Hufe,
es ändert nichts an deinem üblen Rufe!
Ein minderwertig Pferd taugt auch durch einen
goldnen Sattel nicht zum Ritt!

Rumi

* * * * *

Ich habe mich oft darüber gewundert,
wie jeder sich mehr liebt als alle anderen.
Dagegen seine eigene Meinung über sich
geringer wertet als die der anderen über ihn.

Marc Aurel

* * * * *

Das Glück und die Seligkeit liegen nicht in der
Menge des Geldes, nicht in der Gewichtigkeit
der Geschäfte, nicht in irgendwelchen Ämtern,
nicht in der Macht, sondern in der Freiheit
von Unlust, in der Milde der Affekte und einer
seelischen Verfassung, die das Naturgemäße begrenzt.

Epikur

* * * * *

Der Neid löst ebenso viele Zungen,
wie die Bewunderung erstarren läßt.

Honoré de Balzac

* * * * *

Die Wahrheit ist gar nicht so schwer zu
finden. Schwer ist es nur, einen
Menschen zu finden, der sie sucht.

Sprichwort